JN408874

林山의
座談愚說

문학공원 산문선 44

이야기가 있는

林山의 座談愚說

金榮萬 지음

문학공원

‖ 머리글 ‖

그동안 보고 듣고 경험한 것들을 모아놓은 '이런 저런 이야기'

1.

1978년 1월 충북 단양군에 재직할 때이다. 백대현 사장이 찾아와 단양로터리클럽을 소개하며 입회하라는 것이다. 나는 위암수술 후 요양 중이라 소일 겸 친구를 사귀려고 승낙하였다, 그래서 정식 입회를 하고 첫 주회에 참석하였다. 그런데 회원 중 한 분이 내게 나의 호(號)가 무어냐고 한다. '없다'하니, 로터리클럽 회원은 호가 있어야 한다기에, 무심결에 '임산(林山)'이라 하였다. 당시 산림과장으로 재직 중이어서 山林을 거꾸로 한 것인데, 어느덧 이 호를 사용한지 40년이 지났다.

나는 2013년도에 자서전 '금수강산을 바라보면서'를 출판하였기 때문에, 이번에는 아주 쉽게 집필할 수 있을 것이라 생각했다. 그러나 막상 부딪치고 보니, 앞이 캄캄하고 말문이 막히고 있다. 일기장을 꺼내보고 기억을 되살려 어렵게 몇 편을 만들어놓았지만 마음에 들지 않는다, 표제(標題)도 있어야 하기 때문에 '무엇이라 할까?' 아무리 궁리를 해도 쉽사리 머리에 떠오르지 않는다. 몇 달을 두고 생각한 끝에 '임산의 좌담우설'이라 했다. 좌담우설(座談愚說)이란 그동안 보고 듣고 경험한 것들을 모아놓은 '이런 저런 이야기'라는 뜻이다. 내가 만든 사자성어이다.

2.

공직에서 퇴임한지 20년이 번개처럼 지나갔다. 그동안 세상이 두 번 변하였으니 빠르기도 하다. 현직에 있을 땐 가정을 지키고 자식들 학비대고 먹고 사느라 정신이 없었다, 그리고 충북도청을 비롯하여 8개 시군을 다니면서 근무할 땐 이야기 거리도 많았다, 퇴직 후에는 우물 안 개구리처럼 행동반경이 제한되어 매우 단조로운 노년생활이었다. 그러나 시간적, 경제적 여유를 어느 정도 가진 상태라서 배우고 봉사하고 즐겁게 보내다 보니 후회되진 않았다. 1997년부터 나의 뒷바라지를 해준 인생의 동반자이자 아내 임복자에게 감사할 뿐이다.

사람은 죽기 전까지 배워야 한다고 성현들이 말씀하였다. 나는 퇴직하고 성균관에서 실시하는 교육을 받았는데, 지금 와서 생각하니 정말 잘한 일 중 하나다. 예절교육, 전례사 교육, 수시로 개최되는 특강을 진천에서 서울 3백리 길을 통학하면서 배웠다. 그 당시는 힘들고 고생되었지만 보람 있는 결단이었다. 그리고 노후생활에 새로운 활력을 불어 넣는 동기가 되었다.

3.

많은 사람이 퇴직하고 소일하는 곳이 대체로 종중의 일이다. 종사에 참여하다보면 나의 뿌리를 자연히 알게 되고, 나의 조상을 숭배하게 된다. 종중의 중책을 맡게 되면 공부를 해야 하고 더 많은 것을 알아야 한다. 간혹 어떤 분들은 “종중 돈은 먼저 먹는 놈이 임자”라 하지만, 큰일 날 소리다. 기꺼이 조상을 위해 헌성금을 내고 종재(宗財)를 모아서, 위선사업(爲先事業)을 게을리 하지 말아야 한다.

나의 조상을 알게 되면 남의 조상도 알게 된다. 향교 사당 영당 서원에는 성현의 위패를 모시고 있다. 그리고 매년 제향을 올린다. 제향에 참례할 땐 위패에 모셔진 성현의 가르침을 본받아 실천해야지, 맹목적으로 참배하는 일은 결코 없어야 한다.

4.

나는 일기도 매일 쓰지만 1980년대부터 축조의금(祝弔意金) 지출을 기록하고 있다. 퇴직 전에는 결혼 축의금이 정신없이 나가더니, 퇴직 후에는 조의금지출이 늘어나고 있다. 결혼식장에 가면 아는 사람도 많고 경사스러우나, 상가 집에 가면 쓸쓸하고 허무하다. 특히 친구가 죽어 조문을 가면 아는 사람이 없을 때가 있다. 그러면 더욱 서글퍼진다. 나이 드니 인생무상(人生無常)이 현실로 다가온다.

나는 청각장애라 강의를 못 들어 답답했다. 보청기를 하였지만 난청이라 무슨 말인지 제대로 알아들을 수가 없다. 오순도순 대화를 못하니 아쉽고 안타까운 게 한두 가지가 아니다. 이렇게 소통에 지장을 받다보니, 내 사정을 모르는 몇몇 분은 내가 정이 없다고 평하기도 한다.

5.

2019년 1월 28일 군에서 마련한 봉은희 교수의 자서전 특강이 있다기에 시간을 내어 참석하였다. 자서전을 쓰려고 간 것이 아니라, 평소 가깝게 느끼던 차 인사하러 간 것이다. 사전 홍보도 하여 첫날 특강에 많은 사람이 참여할 줄 알았는데, 예상과는 달리 참가자가 그리 많지 않았다. 그러던 중 참석자는 모두 제5기 자서전반이 되었다.

나의 두 번째 책인 '임산의 좌담우설(林山의 座談愚說)'은 대부분 퇴직 후 생활 속에서 추려진 이야기로, 인생의 성공담도 아니고 특별한 삶의 지표가 있는 것도 아니다. 다만 2000년 전후를 살아간 어느 한 인생의 발자취라고나 할까. 혹여 잘못된 부분이 있으면 용서를 바란다. 이 책이 출판되기까지 협조해주신 봉은희 선생님과 진천군평생학습센터 관계자들 그리고 1년간 글로 삶을 나눈 자서전교실 동료 제위께 감사드린다.

2019년 겨울

김 영 만

‖ 축하의 글 ‖

安東金門의 자랑이며 모든 이의 謝表

祝賀합니다.

또 하나의 大業을 이루셨습니다. 그동안 삶의 발자취를 自傳으로 엮어 記錄文化로 保存한다는 것이 쉽지 않은 일인데 이렇게 훌륭하게 執筆하셨으니 길이 남아 讀者의 尊敬으로 살아있을 것입니다.

本文의 記錄에도 있듯이 林山先生은 十數年間 宗事에 獻身奉仕하셨습니다. 높은 識見과 正道로 每事에 임하여 큰일을 하셨으며 그 業績이 곳곳에 담겨 後世에 傳授될 것입니다.

林山 先生은 安東金氏 忠烈公 諱方慶의 後孫으로 派祖이신 按廉使 諱士廉의 17代孫이며 李麟佐의 亂에 義兵으로 抗拒한 一門四忠의 忠臣家門입니다.

先考 諱命源의 長子로 충북 진천에서 出生하여 忠北大를 卒業하고 公職에 奉職 하였으며, 停年退職 後에는 奉仕活動으로 뜻있고 보람찬 큰일을 하고 계신 분입니다. 林山 先生은 四男一女를 訓育하셨는데 子女 모두를 國內 一流大를 卒業시키어 教授로 企業의 重役으로 現在 國家의 棟梁으로 活動하고 있습니다.

自傳을 읽어보면 어려운 時代를 살면서 每事를 슬기롭게 대처하고 公職에서는 公明正大하게, 家庭에서는 和平敦睦으로, 門中에서는 崇祖尙門으로 正道만을 걸어왔음이 정리되어 담겨있습니다.

특히 祖上의 위토를 법정 소송까지 하여 정리하고 문중명의로 등기하여 어려운 고비를 넘기면서 해결하신 내용을 읽고 큰 감명을 받았으며 찬사를 보냅니다. 존경합니다.

우리 安東金門의 자랑이며 모든 이의 謝表이십니다.

自傳 發刊을 다시 한 번 祝賀드리며 無窮하기를 祈願합니다.

2019. 己亥. 겨울.

安東金氏大宗會 會長 敎育學博士 金 錫 漢

목 차

Ⅱ. 배우고 소일하며

Ⅲ. 나의 추억

Ⅳ.일문사충 안동김씨참판공휘훈종회

Ⅴ. 가족 마당

VI. 부록

I

나의 뿌리는 안동

대전 뿌리공원

대전광역시 중구 침산동에 뿌리공원이 있다. 1997년에 개장하고 72개 문중에서 성씨 조형물을 설치하였다. 처음에는 이곳이 인기를 끌지 못했다. 오히려 '잡성(雜姓)들이나 하는 거지'하며 비아냥거리는 문중이 많았다. 그런데 뿌리공원 주변의 경관이 워낙 빼어나고 교통이 편리해 주말이면 찾는 이가 늘어났다. 특히 대전시내 초중고 학생들의 소풍(逍風)장소로 인기가 높았다. 뿌리공원에 다녀온 안동김씨 학생들이 집에 와서 부모에게 질문을 한다.

학생 : 아버지, 우리는 무슨 김 씨여?

아버지 : 안동김씨인 것도 몰라?

학생 : 그럼 왜 뿌리공원에 안동김씨(조형물)가 없어?

이런 말을 들은 부모는 우리 안동김씨 뿐 아니라, 다른 문중들도 마찬가지였다. 그래서 뿌리공원 측에 확장해줄 것을 건의해 2차로 2008년에 64개 조형물을 설립할 부지를 마련하고 각 문중으로부터 신청을 받았다.

▲ 대전 뿌리공원의 안동김씨 조형물

안동김씨 대전시 종친회장 김선묵(전서공)은 뿌리공원 측으로부터 조형물설치 부지를 확보하고 안동김씨 대종회 김남응 회장에게 건의했다. 김남응 회장은 김선묵 회장으로부터 보고를 받고 2008년 6월 28일 이사회를 소집하였다. 뿌리공원 입구 장수마을에서 개최된 이사회의 목적은 뿌리공원 내에 안동김씨조형물 설치와 중시조이신 충열공 김방경 영정을 새로 제작한다는 것이었다. 이사회에서 두 개의 안건이 통과되었지만, 경비가 문제였다. 조형물 조성에 5천2백만 원, 영정제작에 3천8백만 원 합계 9천만 원이다. 대종회에 당초 예산에 사업비가 없어 경비 조달문제가 되었다. 대종회장이 1천만 원을 낸다고 하니 김봉회 종친이 1천만 원, 그리고 대선종친회에서 부시 확보 외 1천만 원을 기부하였다. 3천만 원 이외는 다음 임원회의에서 논의하기로 하였다. 회의가 끝나고 점심식사 후에 일행이 조형물 설치 장소로 이동하였다. 새로 조성되는 부지 64개소에 일련번호 팻말이 있는데, 47번이다. 변두리도 아니고 중간

▲ 안동김씨 뿌리공원 진천종친들

쯤이라 장소도 훌륭하다.

2008년 7월 9일 대종회 사무실에서 임원회가 개최되었다. 안건은 뿌리공원 조형물 설치와 충렬공 중시조 영정제작비이다. 사업비는 다음과 같이 부담하기로 하였다. 15개파 중 12개파는 각 100만 원, 3개파는 50만 원, 부회장 50만 원, 이사 20만 원씩 부담하기로 하였다. 김남응 대종회장은 폐회 인사에서 기일이 촉박하니 오늘 결의한 부담금액을 조속한 시일 내에 납부하여 사업이 원만히 이루어 질 수 있도록 협조를 부탁하였다.

안동김씨 종친들의 성원으로 뿌리공원에 조형물을 설치하고, 2008

년 10월 5일 준공식을 거행하였다. 나는 아내와 함께 대전 뿌리공원에 갔다. 전국에서 300여 명이 운집해 축제 분위기다. 국민의례와 선조영령에 대한 묵념, 경과보고 및 김남응 회장의 인사가 끝난 다음 제막식(除幕式)을 가졌다. 드디어 웅비비상(雄飛飛上)의 안동김씨 조형물이 뿌리공원 118번에 우뚝 서게 되었다.

간단한 제수를 차려놓고 고유제를 지냈다. 그리고 기념사진을 찍은 뒤 푸른 잔디광장에서 푸짐한 도시락과 향음을 즐겼다. 모든 참석자에게는 비누세트 기념품까지 나누어주어 즐거워했다.

전국의 안동김씨 가족 여러분! 뿌리공원에 가시면 안동김씨 조형물을 찾아야 합니다. 그리고 단순히 조형물이라고 생각하지 말고 여기에는 우리들 조상의 혼(魂)이 깃들어있다고 생각하세요. 조형물을 대할 때는 항상 정중한 마음으로 우리가족의 행운과 우리 안동김문의 번영을 기도 하십시오. 모든 이에게 전하세요.

뿌리공원에는 2016년에 88개, 2017년에 20개를 추가 증설해 총 244개 문중의 조형물이 있어 각 문중의 역사와 유래를 알 수 있는 교육현장이기도 하다. 2008년부터 해마다 뿌리축제를 개최하고 있다. 축제에는 각 문중의 특징을 살려 입장식이 있는데, 문중의 단합과 대외 선전의 기회도 된다. 또 뿌리공원에는 전국유일의 족보 박물관이 있어 방문객이 늘어나고 있다. 공원 내 곳곳에 정자와 그늘진 곳에 벤치가 있어 쉼터로도 안성맞춤이다. 푸른 호수에는 오리배를 탈 수 있고, 야외공연장도 있어 유원지로서도 이름이 나있다.

뿌리공원 내 안동김씨 조형물은 대전 시내 어린학생들의 선물로 태어났다.

일본 대마도에 다녀오다

대마도 항몽유적지(抗蒙遺蹟地)를 보면서

나는 우리 안동김씨 중시조이신 충렬공 김방경(1212-1300) 할아버지를 떠올리며 잠시 머리 숙여 묵념을 올렸다. 730년 전 몽고군 2만과 고려군 1만 등 3만여 명의 대군이 대마도를 점령하고, 일본 본토를 점령하려다 그만 태풍으로 회군하였다. 이때 활약하셨던 고려군의 도원수 김방경 장군은 나의 선조이시다. 당시 많은 군사를 잃고 어깨에 힘이 빠져 귀국하셨을 할아버지의 모습을 회상해 보았다. 할아버지, 고생 많으셨습니다. 21대 후손 영만(榮萬)이가 여기 왔습니다.

~ 2001년 8월 12일 일기 중에서 ~

2001년 8월 11일부터 13일까지 2박3일간 대마도 관광을 다녀왔다. 부산에서 대마도까지는 49.5km 거리라 한다. 맑은 날 태종대에서 육안으로 볼 수 있을 만큼 우리와 인접해 있다. 부산 항만터미널에서 09시 35분 씨 풀라워호로 출발, 두 시간도 안 되어 대마도에 접근했으나 동쪽해안으로 계속 내려가다 보니 이즈하라항구(嚴原港)에는 오후 2시경에 도착하였다. 이 도시는 도로가 좁고 차도 별로 없었다. 아기자기한 작은집들이 예쁘게 들어선 것이 한 폭의 그림과 같다. 거리는 물론 흐르는 시냇물과 바닷물도 깨끗해 첫 인상이 무척 감동적이다.

이즈하라 항구에서 북쪽으로 가는 도로는 좁아서 차가 교행할 때 속도를 줄이고 조심을 하는 모습이다. 길옆은 숲으로 덮혀 있고, 이따금 작은 밭이 눈에 들어왔다. 놀리는 밭은 없고 모두 알뜰히 이용하고 있다. 가마자키 전망대에서 내려다본 크고 작은 섬은 처음 보는 풍경이다. 가는 도중 가이드가 차에서 내리게 하더니 먼 산을 가리키며 "저곳에는 백제가 망할 때 많은 사람들이 와서 성을 쌓고 지낸 곳"이라고 안내해준다. 지금도 그 산성이 남아있다고 설명했다. 또한 옆에 있는 비석을 가리키며, 이 비석은 신라의 충신 박제상의 순국비라 한다. 박제상은 일본에 인질로 잡혀가 있는 신라 내물왕의 아들 이사흔을 구출하여 돌려보낸 후 자신은 붙잡혔으나 일본인들의 협박에도 굴하지 않고 저항하다 순국하였다. 이 비는 1988년 황수영 박사가 고증을 거쳐 세웠다.

대마도 북쪽 끝에는 한국전망대가 있다. 실물사진에 점등 장치가 되어 있어 자판의 지명을 누르면 불이 켜지며 깜박거린다. 부산, 마산, 진해 등의 위치를 알 수 있다. 이 건물 옆에는 위령비가 있다.

1707년 조선의 역관 107명이 승선한 배가 조난을 당하여 몰사하였다는 비극적인 가이드의 설명에 우리 일행은 묵념으로 애도의 예를 올렸다. 날씨가 쾌청하면 한반도를 볼 수 있었으나 불행인지 시계가 좋지 않아 아쉽기만 하다. 숙소로 돌아오는 길에 항몽유적지에 잠시 들렀다. 이 유적지는 몽고와 고려군을 물리친 곳이라며, 일본인들은 이곳을 성역화하고 있다. 이때 고려군 도원수 김방경 장군과, 참전한 장군의 2남 김흔 상장군(2男 金忻 上將軍). 3남 김순(3男金恂:나의 20代祖) 할아버지를 생각하니, 마음이 울적해 묵념을 올린 것이다.

구한말 대유학자 최익현(舊韓末 大儒學者 崔益鉉) 선생이 대마도로 유배되었는데, 선생은 '왜놈들의 음식은 먹지 않겠다.'며 굶어서 돌아가셨다. 그 때 시신이 안치되었던 수선사 내에 선생의 순국비(대한인최익현선생순국지비)가 세워져있다. 선생의 시신은 충남 청양군 칠갑산 자락으로 옮겨 잠들고 계신다. 대마도에 있는 한국인의 순국비 또는 위령비는 1986년 이후에 한국인들이 건립한 것이다.

나는 대마도를 관광하는 내내 가슴이 답답하고 착잡한 심정이었다. 삼국시대에는 신라, 백제와 고구려가 분할하여 관리하였다고도 하며, 고려시대는 물론 조선시대에도 대마도를 정벌하였다는 기록이 있다. 특히 1396년(태조 5년) 개국의 일등공신 김사형(金士衡) 장군이 대마도를 완전히 정벌하여, 남부해안을 괴롭히던 왜인들을 섬멸하고 조공을 바치게도 하였다. 김사형 장군은 나의 17대 작은할아버지이다. 그런데 대마도를 돌아보고 나니, 옛날 농경시대에는 아주 쓸

모없는 섬이었다. 해안가는 절벽이고 섬전체가 산악이며 평야라고는 눈에 보이는 곳이 없다. 그래서 대마도를 포기하였을 것이라 생각하니 아쉬움이 더하다.

조그만 무인도를 두고 영유권을 다투며 전쟁을 불사하는 현대사를 볼 때, 옛 선현들이 이 섬 대마도를 우리에게 물려주었으면 얼마나 좋았을까 생각했다. 2박3일의 일정을 마치고 귀국할 때 태풍과 풍랑으로 고생을 했다. 나는 귀국선을 타자마자 긴장이 풀려 금방 잠이 들었다. 그런데 잠결에 이상한 소리가 들린다. 승객들이 이리 뒹굴고 저리 쓰러지고 비명을 지르고 있다. 정신을 차려보니 모든 승객이 겁에 질려있고 얼굴이 오만상이다. 음식물을 토하고 고통스러워하는 모습이 애처롭다. 나는 다행히 배 멀미를 하지 않아 일어나다 쓰러지면서도 기어가서 아내를 위로했다. 우리가 출항할 때 태풍주의보가 내렸으나 무리하게 출발해 위험을 자초한 것이다. 위험천만한 뱃길은 다시 생각해도 저승에 다녀온 것만 같다.

문영공 김순의 묘와 백범 김구선생

김순(金恂 1258-1321)은 백범 김구선생(白凡 金九先生)의 23대 할아버지이시다. 고려조 판삼사사(判三司事)의 높은 관직과 함께 문영(文英)이라는 시호를 받았다. 그리고 구 안동김씨 중시조 충열공 김방경(金方慶)장군의 셋째 아드님이시고, 나에게는 20대 할아버지이다. 김순 할아버지의 후손들이 '안동김씨문영공종회(安東金氏文英公宗會)'를 조직하여 할아버지의 유덕을 숭모현양하고 종친 간에 친목을 돈독히 하며 위선사업을 하고 있다. 종회 운영도 고정된 임대수입으로 하고 있어 매우 안정적이다. 나는 2016년부터 2019년 3월 22일까지 본 종회의 회장을 역임하였다.

1942년 이른 봄에 경기도 개풍군 임한면 가정리 마산부락에서 이장이 가마니치기를 독려하던 중 반석 위에 짚단을 두드리는 것을 보았다. 자세히 보니 墓誌石으로 '安東金公恂'이라고 새겨져 있어 자기 집으로 운반해놓고 안동김씨 흥렬에게 연락을 했다. 김흥렬 종인은 묘지석 발견 내용을 편지로 서울종회에 보냈다. 편지를 받은 종인들은 회의를 소집하고 각 파에서 대표 한 명씩을 현지로 보내 자세히 알아보기로 하였다. 그간 실전 되었던 할아버지의 묘를 찾게 되었다니, 얼마나 기쁜 소식인가. 그래서 각파 대표로 제학공파 약호, 안렴사공파 달연, 익원공파 재형 등 3명이 마산부락에 파견되었다. 우선 묘지석이 발견된 곳을 안내받아 확인한 뒤 봉분을 만들려고 하니, 장씨(張氏)들이 접근을 못하게 가로 막는다. 마산부락은 장씨의 집성촌으로 텃세가 대단하였다. 묘지가 있는 곳도 장씨들의 소유였기 때문이다. 김순 할아버지의 묘는 형체만 남아 있고 주위는 나무로 꽉 차 있다

때마침 개성경찰서 고등계 형사인 문영공 할아버지의 23대손 김원회의 도움을 받았다. 형사가 직접 와서 장씨들을 설득하고 개사초를 어렵게나마 끝냈다. 일제하의 고등형사는 저승사자와 같은 무서운 존재였다. 그러나 집성촌인 장씨들은 산림법위반 등 계속적으로 괴롭히자, 할 수 없이 이장할 묘지를 찾아야 했다. 그러던 중 1943년 봄 안양에 거주하는 문영공 할아버지의 19대손 익원공파 김찬원 종인께서 선산을 희사하신다는 반가운 소식이 왔다. 그래서 경기도 안양시 관양동 533-7번지 지금의 장소로 천봉(遷奉)하였다. 그리고 2년 후 8.15광복을 맞았으나 38선이 생기고 또 6.25전쟁으로 휴전선이 그어졌으니 우리나라 격동의 현대사를 고스란히 엿볼 수 있는 대목이다. 나는 실전되었던 할아버지의 묘를 찾은 것은 한 편의 드라마와 같다고 이야기한다.

1949년 4월5일 청명일에 백범 김구 선생께서 순 할아버지의 묘를 참배하셨다. 그리고 전국의 많은 종인들이 모인 그 자리에서 다 같이 제전(祭典)을 드리고 환영회를 가졌다. 회의순서는 종중대표 인사, 김구선생 답사, 화수회의, 사진찰영, 피로연 등으로 진행하였다. 환영행사를 마치고 종인들은 당시 사만원(四萬圓)을 봉투에 넣어 백범선생에게 드렸다. 말하자면 정치자금인 셈이다. 그러나 김구 선생은 그 돈봉투를 사양하시다가 일단은 받고 다시 주면서 "이 돈은 할아버지를 위해서 쓰세요."한다. 지금 정치인들 중에는 행여 누가 볼세라 얼른 주머니에 넣고 가는 분도 적잖이 있을 것이다.

돈을 다시 받은 종인들은 시사답(時祀畓)을 구입하기로 하고 허름한 논 480여 평을 장만 하였다. 이것으로는 부족하다고 판단해 후손들이 가구별 백미 한 말씩을 헌납하기로 했다. 이걸로 1,000여 평을 더 사서 매년 제수를 구입, 향사(享祀)를 올렸다. 시사답이 없을 때는 김찬원 종인께서 묘지도 희사하고, 제수를 차려 6년간을 봉사하였다고 한다. 백범 선생께서 선조 할아버지 묘에 참배하고 2개월 후 1949년 6월 26일 안두희의 총탄에 쓰러지시니, 아! 슬픈 일이로다. 백범일지에서 선생은 "하느님이 나에게 너의 소원이 무엇이냐?"고 묻는다면, "나의 소원은 대한독립이요" 또 묻는 다면, "우리나라의 독립이요." 다시 묻는다면, 세 번째도 "나의 소원은 우리나라 대한의 완전한 자주독립이요.”라고 하셨다. 그러나 남북이 갈라져 지금까지 통일이 되지 못하고 있으니, 답답하기만 하다. 문영공 묘소 좌측에는 백범선생이 참배하고 가셨다는 자연석 기념비가 있다. 전면에는 “忠孝家傳(충효가전)”, 후면에는 선생의 어록과 경력 등이 기재되어있다.

지금의 안양시는 60여 만의 인구가 사는 큰 도시로 성장했으나 1943년도에는 경기도 시흥군 안양면의 작은 고을이었다 도시가 개발되고 인구가 팽창하다 보면, 토지 수요는 필수이다. 그 당시 변두리의 허름한 논이 대지로 변하고, 대지 앞에는 편도 5차선의 도로가 확 뚫렸다. 땅값도 뛰어 노른자위가 되었다. 그 대지와 건물에는 자동차1급정비공장이 들어서고, 여기서 나오는 임대료로 ‘안동김씨문영공종회’ 운영의 재정을 뒷받침하고 있다.

우리는 누구나 조상을 모시고 있다. 족보에 의하면, 신라 대보공 김알지(金閼智)는 나의 57대조 할아버지시다. 57대조까지 육신이 잠들고 있는 분묘를 수호하고 있다면, 자손으로서 행복이라 아니할 수 없다 그러나 오랜 세월을 지나는 동안 잊어버리게 된다. 나의 20대 문영공 할아버지의 묘도 언제부터 실전(失傳)되었는지 모른다. 묘지석을 최초로 발견한 마산부락 이장은 비록 장씨지만, 남의 조상을 내조상과 같이 여겼기 때문에 이를 우리에게 알려주었다고 본다. 지금 생각해도 감사한 마음뿐이다. 만약 이장이 묘지석을 보고도 남의 조상이라 방치했다면, 영영 실전되었을 것이다.

나는 옛 어른들 뿐만, 아니라 현재 종인(宗人)들의 숭조정신(崇祖情神)에 늘 감탄하고 있다. 특히 백범 김구 선생의 숭조정신은 우리 종회의 발전에 큰 영향을 주었고 후손인 우리가 본받아야 된다고 생각한다. 서기 2021년이면 할아버지께서 저 세상으로 가신지 700주년이 된다. 이렇게 오랜 세월이 지났어도 수십만의 후손들이 시도 때도 없이 할아버지 묘를 참배하고 매년 음력 10월 7일에는 세일사(歲一祀)를 올리고 있으니, 할아버지나 우리들은 어찌 행복하다 하지 아니할 것인가?

가는 길은 달라도 형제의 정은 끊을 수 없다

나는 안동김씨 안렴사공파 회장을 6년간(2005-2011) 맡았다. 나의 17대조 할아버지는 김사렴(金士廉1335-1405)이며, 마지막 벼슬이 안렴사(按廉使)여서 파종회 이름을 붙인 것이다. 할아버지에겐 동생이 한분 있는데, 김사형(金士衡1341-1407)이고, 시호를 따서 안동김씨 익원공파(翼元公派)라 한다. 두 형제는 명문가 후손으로 고려말기 공민왕 때 과거에 합격하고 벼슬길에 올라 승승장구 하였다.

고려 말에 신돈이라는 승려가 나타나 국정을 장악하며 왕권을 농락하고 있을 때다. 여러 신하가 왕에게 신돈을 위험한 인물이라고 간언을 드리다 좌천을 당하고, 심지어 유배를 가야 했다. 그래서 신돈에 관한 이야기를 아무도 못하고 있었다. 왕은 신돈에게 높은 벼슬을 주어 더욱 권세가 강화되었다. 나의 17대 할아버지는 불의를 보면 참지 못하는 강직한 성품의 소유자로 끝내 왕에게 직간하였다.

"신돈은 바른 사람이 못되옵니다. 후일에 반드시 정사를 혼란케 하고, 고려 사직이 장차 위태로울 수 있사오니 부디 살펴주소서."

신돈은 이를 알고도 할아버지의 강직한 성품을 아는지라, 아무런 보복도 하지 않았다. 그 후로 할아버지의 직간은 조정에 알려지고 이름이 났다. 1392년 고려가 망하고 이성계가 왕이 되어 이씨조선을 건국하였다. 형제는 가는 길이 달랐다. 극과 극으로 갈라섰다. 형은 고려의 충신답게 모든 벼슬을 버리고 도산(청주시 오창읍 모정리)으로 내려와 은둔생활을 하였다. 동생은 이성계를 도와 개국 일등공신이 되었다. 관직은 좌의정까지 올랐다.

형은 '열녀는 두 지아비를 섬기지 않고, 충신은 두 임금을 섬기지 않는다(不事二君)'고 하며 한양 쪽을 바라보지 않았고 항상 등지며 살았다고 한다.

형이 도산에서 은둔생활을 하고 있을 때, 동생 좌의정이 형님을 뵈러 온다는 연락이 왔다. 형은 고민에 빠졌다. 어찌할까? 오지 말라고 할까? 다른 데로 잠시 피신을 할까? 형제이니 떳떳하게 만날까? 한 피를 나눈 동생이니 내칠 수도 없다. 시간은 지나고 곧 도착한다는 기별이다. 건국 일등공신이며 최고 권력을 가진 좌의정의 행차이니만큼, 관찰사나 고을 원님 등 지방나리들도 몰려 왔을 것이다. 그러나 띠풀로 겨우 하늘을 가리고 있는 집에서 정승을 대할 수는 없었다. 형님은 누추한 띠집에서 밖으로 나와 동생의 마중을 나갔다.

이윽고 좌의정 동생이 가마를 타고 온다. 형님을 본 동생은 가마를 멈추라고 한다. 바로 이때다. 형님은 "됐다. 그대로 있어라! 내려올 것 없다."하고 가마에 타고 있는 동생에게 "기왕에 왔으니 손이나 한번 만져 보자."하시면서 두 손을 가마 안으로 넣어 동생의 손을 꼭 잡고 말씀하신다. "가는 길은 달라도 형제의 정은 끊을 수가 없구나! 이제 되었으니 그만 올라가거라." 그리고 헤어졌다. 정말 기막힌 사연이다. 한양에서 수백리길을 어렵게 찾아왔는데 손만 만져보고 보낸 형이나, 가마에서 내려보지도 못하고 그대로 돌아간 동생의 허전한 마음은 이루 말할 수 없었을 것이다.(고려충신 형과 조선건국공신 동생의 만남은 옛 어른들의 구전을 정리한 것임)

나라에서는 나의 할아버지에게 좌사간 벼슬을 주었으나 사양하였다. 그리고 임종할 무렵에 자손들을 모아놓고 유언을 하셨다.

"나라(고려)를 지키지 못해 저 세상에 가서 선왕(先王)과 선조(先祖)님을 뵈올 낯이 없구나! 내가 죽거들랑 깊은 산속에 묻고 봉분을 하지 말 것이며, 비석도 세우지 말라. 그리고 너희들은 앞으로 벼슬도 하지 마라."

1405년 할아버지가 운명하시니, 유언대로 평장을 하고 비석도 세우지 않았다. 그리고 아들과 손자들도 평장을 했다. 그 후로 먹고 살기 위해서 자손들은 각자 생활 근거지로 흩어졌다. 일부는 익원공 할아버지의 음덕을 보았을 것이다. 그리고 몇 백 년을 지나온 사이 안타깝게도 할아버지의 묘를 실전하고 말았다. 250년이 지난 후에 할아버지의 증손자(양성공 취:吹) 후손들이 실전한 양성공의 묘소를 찾던 중 우연히 할아버지 묘를 발견하게 되었다. 또다시 실전하게 될까봐 유언을 어기고 비석과 봉분도 큼지막하게 설치하였다. 그러나 할아버지에 관한 유물이 전혀 없다. 고려가 망하자 은둔생활을 하였고, 자손들이 보존한 것도 없었기 때문이다. 때마침 2009년 안렴사 할아버지의 증조부 문영공 김순의 묘지석 발굴이 있었고, 충렬공 김방경 할아버지 묘지석도 찾아 복제하였다. 묘지석에는 일생일대의 생애를 기록하고 있다. 그래서 우리 파종회에서도 안렴사 할아버지의 묘지석을 찾아보자고 한다. 나는 임원회의를 소집해 안건을 상정한 바, 추진위원회를 구성하고 묘지석을 발굴하기로 결의하였다.

2009년 10월 28일 묘의 봉분을 해체하고 묘지석(墓誌石)을 찾는 작업이 진행되었다. 많은 종인들이 포클레인 작업에 시선을 집중했다. 갑자기 나올지도 모르는 지석을 발견하기 위해서다. 작업이 순조롭게 진행되어 광중(壙中)의 흔적이 나타나기 시작했다. 지표를 깨끗하게 정리하니 거무스레한 직사각형의 광중이 나타났다. 경험이 있는 종인이 1m이상 되는 침봉(針峰)으로 쑤시기 시작한다. 한동안 탐사를 했으나 반응이 없다는 듯 고개를 젓는다. 몇 사람이 교대로 더해 보았지만 소식이 없다. 침봉으로 광중을 쑤실 때마다 할아버지의 가슴을 찌르는 것만 같아 나는 몹시 괴로웠다. 이때 어느 종인이

"광중의 흙을 완전히 드러내자"고 한다.

나는 잠시 작업을 중지시키고 추진위원들과 상의했다. 원상복구하기로 결론을 지었다. 왜냐 하면 묘지석은 찾기 쉬운 곳에 두는 것이지, 광중속의 시신과 같이 묻지 않는다고 믿었기 때문이다. 그리고 잘못하여 유골이라도 건드리면 불효가 되는 것 같았다. 참석자 모든 종인에게 작업 중지를 설명한 후 미련을 남겨두고 원상복구에 들어갔다. 봉분도 더 크게 하고 잔디도 탄탄하게 잘 입혔다. 그리고 주과포를 차려 놓고 작업을 종료 했다고 고유례를 올렸다.

며칠 후 문득 한 생각이 떠올랐다. 할아버지가 유언하신대로 이 기회에 4각형의 평장으로 하되 봉분은 아주 낮게 해 놓았으면 좋았을 것을, 그러면 고려시대의 묘형(墓形)이 되었는데, 미처 몰라서 후회를 했다.

안렴사 김사렴과 익원공 김사형 후손이 번창하여 안동김씨의 60%(안렴사파20%,익원공파40%)를 차지하고 있다. 청주시 청원구 오창읍 모정리 산8번지에 모신 형님의 묘는 늦게나마 금년(2019년)에 '청주시 향토유형 제157호'로 지정되어 관리하게 되었다. 그리고 경기도 양평군 양서면 목왕리 산49번지 동생의 묘는 일찍부터 경기문화재자료 제107호로 관리되고 있다. 최근 알려지기 시작한 세계지도인 '혼일강리역대국지도'는 600년 전에 익원공 할아버님이 만드셨다고 전해진다.

고려충신 형과 조선의 개국공신 동생은 극과 극의 길을 선택했지만, '형제의 정은 끊으려야 끊을 수 없다'는 할아버지의 말씀을, 오늘에 사는 후손들은 명심하기 바란다.

중시조님 탄생 8백주년

2011년 1월경 김남응 안동김씨 대종회장이 3년의 임기를 마치고, 연임을 사양하시었다. 그래서 '차기 회장에 누구를 추대할 것인가?'가 모든 종친들의 관심거리가 되었다. 그런데 다음해인 2012년엔 안동김씨 중시조 충렬공 김방경 할아버지 탄생 8백주년을 맞이하는 해인지라, 대종회가 주관하여 대대적인 기념행사를 하기로 하였다. 할아버지는 1212년에 탄생하시고 1300년 89세로 승하하셨다. 김봉회 종친이 대종회장을 역임하기까지의 과정이 복잡했다. 김봉회 종친은 안동김씨 도평의공파로 경북 안동이 고향이며, 일찍부터 꿈이 있었는지 모든 종사에 적극적으로 참석하고 위선성금도 아끼지 않았다. 또한 평상시 인맥을 두터이 하고 평이 좋았다. 서운관정공파 회장 김상호 종친도 대종회 발전계획 등을 유인물로 발표하는 등 회장출마를 준비하고 있었다. 그러던 중 안렴사공파 김태룡 종친이 출마를 선언했다. 김태룡 종친은 과거 국회의원시절 민주국민당 대표최고위원을 하신 정계의 원로이시다. 종사에도 밝아 오창읍 복현리 최경묘원 정화사업을 비롯해 세종시 건설에 편입되는 선조묘의 이장과 위선사업에도 많은 업적을 남기셨다.

대종회장의 선출을 놓고 한참 물밑 탐색전을 하던 중, 2011년 2월 8일 서울 명동 근처의 중국음식점에서 모임이 있었다. 참석자는 김남응 · 김재광 · 김상천 · 김수익 · 김근성 · 김철호 · 김재준 · 김선회 · 김영만 등이다. 15개 파 가운데 주요 파종회의 대표자들이다. 모임의 목적은 대종회장을 서로 하려다 보면 자칫 분열이 생기고 후유증이 있을 수 있으니 사전에 단일화해서 추대형식으로 하자는 것이다. 서로 의견을 나누다보니, 김봉회 종친이 충렬공 탄생 8백주년 기념행사를 잘 치룰 수 있는 적정인물이라는 것이다. 안동시의 기관단체에 지인이 많고 인맥이 두터워 행사 치르기에 적임자라는 중론이다.

2011년 2월 15일 대종회 회장단 회의가 서울 동대문구 휘경동에 위치한 안동회관 4층 회의실에서 개최되었다. 이날 주요 안건 중 하나는 대종회장의 추대 건이다. 김봉회, 김태룡, 김상호 3명이 출마를 해서 각자 의견을 듣기로 하였다. 주로 내년에 있을 충렬공 탄생 8백주년 기념행사 추진계획에 대한 발표이다. 김봉회 후보가 첫 번째로 이야기하고, 두 번째로 김태룡 후보가 발표하였는데, 마지막에 가서 경선을 하면 안 되니 자기는 포기한다고 선언한다. 참석자는 모두 박수로 환영하였다. 김상호 후보도 인사만 하고 포기한다고 선언하였다. 그래서 회장단회의에서 추대한 차기 대종회장은 김봉회로 하고, 추후 이사회의 의결과 총회의 인준을 받아 안동김씨 대종회장에 취임하게 되었다. 대종회가 창립된 이래 제학공, 안렴사공, 익원공파에서 회장을 하였는데, 도평의공파가 맡게 되어 김봉회 회장이 전통을 깬 것이다.

2011년 3월 14일 종로구 파고다공원 근처 한일관에서 모임이 있었다. 차기 대종회 김봉회 회장이 마련한 자리 같았다. 김태룡 김관묵 김성회 김태운 김좌회 김선회 김영만 등이 참석하였는데, 오찬을 겸한 대화로 모임을 열었다. 한참 분위기가 조성되다보니, 반주로 마신 술이 취기가 온다. 처음엔 막걸리, 맥주로 시작해 소주가 나와 마시다보니, 나는 술이 취했다. 술자리가 끝난 다음에 2차 3차를 더 했다. 지금도 기억이 난다. 김봉회회장과 단둘이 술을 시켜 마시는 중이다. 봉회 회장이 나에게 묻는다. “사무총장을 어떻게 할까요?”. 이에 대해 나는 원론적으로 대답했다. “회장과 사무총장이 한꺼번에 바뀌면 업무에 지장이 있을 것 같으니, 유임시키는 것이 좋을 것 같습니다.”이 한마디 한 것이 추후에 마음에 걸렸다. 당시 “회장님 소신껏 하세요!”라고 이야기 했어야 옳았다.

안동김씨중시조 충렬공 김방경 탄생 800주년기념 추모행사가 2012년 4월 29일 경북 안동시 탈춤공연장에서 개최되었다. 충북 진천군 종친회에서 대형버스를 대절해 많은 종친이 참석하였다. 나도 아내와 같이 버스에 동참하여 갔다. 행사장에는 전국에서 1,000명 이상 많은 종친이 참여해서 축제분위기다. 여유 공간에는 전국에서 수집한 안동김씨 문중의 사진이 전시되어 있고, 식전행사도 볼만 하였다. 김봉회 대종회장이 대회선언을 하자, 폭죽이 터지고 팡파레가 힘차게 울리며 우레와 같은 박수와 함성이 터졌다. 이어 공로자 표창과 당선작품에 대한 시상을 마치고, 대종회장 인사, 안동시장·안동시의회 의장·국회의원·안동시 문화원장 축사가 진행되었다. 그리고 한시(漢詩) 낭독을 끝으로 마무리하였다. 모든 참석자에게는 중시조님의 논문집(論文集)기념품 백범일지, 도시락 등을 배부하였다. 8백주년 기념행사를 기점으로 중시조님에 대한 학술발표회가 활성화 되었다. 그래서 중시조님의 위상이 높아지고 학계(學界)에서도 관심을 갖게 되었다. 아무튼 큰일을 무사히 마치었으니 우리 종사에도 오래오래 남게 될 것이다.

김봉회 회장 재임기간(2011~2017)에 안동김씨 대동보(大同譜)도 발간하였다. 이 사업을 하면서 대종회장은 속앓이와 고생도 적잖이 했다. 전임 사무총장의 이의신청과 양측의 소송 건으로 경제적 손실이 발생하고, 정신적 고통을 겪었으며, 대동보 발간이 지연되는 등 불미스런 일이 발생하였다. 앞으로 이런 일이 재발해서는 절대 안 될 것이다. 김봉회 회장은 2012년 8월 1일 내가 진천향교 전교 취임할 때, 참석해 축사도 해주어 항상 감사한 마음을 가지고 있다.

안동회관 개관하던 날

2018년 6월 27일 경북 안동시 송현동 533번지에서 안동회관 개관식(開館式)이 있었다. 개관식을 앞두고 중시조님에게 고유례(告由禮)를 올렸다. 고유례는 중시조님에게 후손들이 정성을 모아 회관을 마련하였다고 아뢰는 것이다. 안동시 녹전면 죽송리 충렬공 김방경 할아버지 묘소에서 주과포를 간단히 차려 놓고 김석한 대종회장이 헌작을 하고, 130여 명이 넘는 종친들이 참여 하였다.

안동회관은 대지 397㎡ 위에 3층 건물로 안동시의 변두리에 있으나, 교통이 편리하고 4차선 교차로 계획이 있어 앞으로 장래성이 좋은 곳이다. 개회식장은 3층 회의실인데, 300여 명의 종친들이 꽉 들어찬 바람에, 식장으로 들어오지 못 한 종친들은 밖에서 계셔야 했다. 12시 정오에 예정되어 있었으나 30여분 늦게 개회식이 진행되었다. 선조영령에 대한 묵념과 애국가 제창에 이어 김재준 김재신 서예가 종친이 서화액자(書畵額字)를 증정하고 대종회장의 인사가 있었다.

"전국에 계신 종친 여러분!, 그리고 이 자리에 참석하신 종친 여러분! 너무도 감격스럽습니다. 이 건물은 12억 5천만 원에 어렵게 매입하였습니다. 이 건물을 매입하는데 협조해주신 모든 종친께 감사를 드립니다. 앞으로 경제성도 있기에 안동에 거주하시는 종친들이 맡아서 운영할 것입니다. 그리고 선조님을 모시는 데도 도움이 될 것입니다. 여기 참석하신 모든 종친들 건강하시고 가정에도 행운이 넘치길 기원합니다."

▲ 안동김씨 회관

대략 이 같은 요지로 말씀하셨다. 이 건물을 매입하는데 김석한 안동김씨 대종회장의 역할은 이루 말할 수 없이 컸다, 그리고 전임 김봉회 회장, 김남응 회장도 공로가 있다고 나는 생각했다. 김남응 회장은 10억 모으기 캠페인을 전개, 비록 목표는 달성하지 못 했지만 1억 원 가까운 현금을 모금하였다. 김봉회 회장은 2015년 을미 대동보를 발간하면서 많은 종재를 저축하여 놓았기 때문이다. 이 외에도 종친들의 성원으로 이루어진 합작품이라 할 수 있다. 김석한 회장은 2017년 3월 대종회장에 취임한 이후 남다른 지도력으로 위선사업(爲先事業)에 중점을 두었다. 6,500만 원을 들여 안동 죽송리의 중시조 묘와 풍산읍 회곡리 냉평국대부인 죽주박씨 할머니 묘를 말끔히 개사초를 하였고, 경사진 진입로에 화강석 계단을 놓아 참배객들의 편의를 제공하였다. 그리고 2017년 6월 26일 정화사업을 마치고, 전국의 종친이 참석하여 준공기념 및 고유례를 올렸다.

2019년 6월 3일엔 안동시 풍산읍 회곡리 산 154번지 안동김씨역

▲ 추원단 제막식

사문화공원에서 안동김씨 선조 추원단(追遠壇) 제막식과 고유행사가 있었다. 추원단 조성 목적은 2010년경부터 중시조님의 상계 육대조(上繼六 代祖)를 음력 10월 8일 밤에 올렸던 제례를 생략하고, 매년 5월 둘째 주 토요일에 죽주박씨 할머니의 세일사와 같은 날에 올리기 위해서이다. 이 행사에 전국에서 250여 명이 참석하여 대성황을 이뤘다. 다만 화창한 날씨에 30도를 넘는 더위로 산을 오르내리느라 고생들을 했다.

지난해까지 세일사는 음력 10월 9일 오전엔 중시조님, 오후엔 죽주박씨 할머니께 올리던 제례를 2019년부터는 중시조 상계 6대조와 죽주박씨 할머니를 매년 5월 둘째 주 토요일에 모시게 되었다. 이제 세일사를 올리기 위하여 전날 안동 음수재에서 숙박하는 번거로움은 덜게 되었다. 특히 참사자(參祀者)들의 숙식을 제공하느라 그동안 관리인의 고생이 많았다. 다만 저녁에 예를 갖추어 분방을 하고 야식을 하며 오순도순 종사이야기를 꽃피우던 우리들만의 고유전통은 사라지게 되어 아쉬운 점도 있다.

아무튼 김석한 대종회장은 재임기간 동안

① 분묘정화사업

② 안동회관 구입

③ 안동김씨역사공원내 추원단 조성

④ 중시조 세일사 변환 등

우리 문중사에 오래 기억될 큰일을 했다. 여기에는 대종회장을 믿고 전국의 종친들이 물심양면으로 적극 후원한 결과라 아니할 수 없다.

진천 선수촌과 화랑공원

나는 43년째 새벽등산을 하고 있다. 나이 들어 정상엔 못 오르니, 새벽운동으로 대신하는 셈이다. 맑은 공기를 마시며 남산 아래까지 가면 제법 숨이 찬다. 맨손체조와 운동기구로 몸속에 활력을 넣으면 하루가 거뜬하다. 돌아올 때는 항상 화랑공원을 가로 지른다. 공원에는 다양한 나무들이 있는데, 계절에 따라 여러 가지 빛깔과 풍광을 선사한다. 봄에는 개나리 진달래 벚꽃들이 피고 진다, 5월의 연산홍은 보는 이의 가슴을 설레게 하고, 6월의 이팝나무 하얀 꽃은 장관을 이룬다. 느티나무의 가을 단풍도 한 폭의 동양화다. 지난해엔 조명등을 설치하여 야간에도 찾는 이가 많다. 화랑공원에는 수백 명을 수용하는 화랑관이 있고, 남쪽에는 국제 규모의 공설운동장이 있다.

진천에 화랑이라는 이름이 오르게 된 과정이 있다. 2001년경이다. 김대중 대통령이 전국을 대상으로 태권도공원을 조성하려고 적당한 장소를 물색하고 있었다. 많은 시군에서 태권도공원을 유치하려고 신청하였다. 진천군도 그중 하나이다. 당시 진천군수 김경회(金慶

會:1951生)는 태권도공원을 유치하려고 혼신의 노력을 경주하였다. 화랑도 출신 김유신 장군은 진천에서 출생하였다. 그래서 화랑과 관련된 자료를 수집해 홍보물을 만들어 대대적인 선전을 하였다. 전북 무주군과 최종 경합을 벌이게 되었으나, 결국엔 무주군으로 지정되었다.

김경회 군수(재임기간 : 1998-2006)는 태권도공원 유치가 실패하자, 세계태권도 문화축제를 개최하였다. 축제기간에는 세계 각국의 선수와 임원들이 참석하여 진천시내 숙박업소와 음식점들이 재미를 보았다. 축제를 개최하기 전 김유신 장군 생가터에서 기원제(祈願祭 : 제사)를 올릴 때 외국인에게 헌관을 주고 도복을 입혀놓으니, 사진을 찍느라 정신들이 없다. 경기 중에 선수가 사망하여 불미스런 사건이 발생하였지만, 진천군에서 국제행사를 치른 옛 추억이 새롭다. 1999년부터 조성한 교성리의 공원이 마무리 되고, 준공단계에 있는 실내체육관 건물의 명칭을 '화랑공원' ''화랑관'으로 정하여 오늘에 이르렀다. 김경회 군수는 해마다 개최되는 상산축제를 '화랑축제'로 바꾸었으나, 후임군수가 화랑을 지우고 생거진천문화축제로 변경하였다. 현 송기섭군수(2016~)는 다시 축제명칭을 바꾸려고 군민을 대상으로 공모하고 있다.

진천군 광혜원면 회죽리에는 국가선수촌이 있다. 김경회 군수는 선수촌을 유치하기위하여 정말 고생했다. 2002년부터 유치경쟁이 시작되었다. 첫 번에 시도한 태권도공원 유치에 실패한 전력을 거울삼아 선수촌만은 유치해야겠다고 다짐했다. 그래서 국공유림이 많은 곳을 정하여 유치하는데 유리하도록 하였다. 진천은 수도권에서 쉽게 접근하고 교통이 편리한 곳이다. 선수촌이 지정되면 전폭적인 지원을 할 것이라고 약속도 하였다. 3년간의 경쟁 끝에 2004년 말 선수촌유치에 성공하였다. 군수가 직접 현황판과 유인물을 들고 중앙관서를 찾아다니며 홍보한 결과이다. 막상 선수촌을 유치하고 나니, 현지주민들이 반대하여 한동안 설득하느라 고충도 많았다

나는 생거진천(生居鎭川)에 살면서 선수촌에 가본 일이 없다. 도로변에서도 멀리 떨어져 잘 보이지 않는다. 선수촌에는 25개 종목의 경기장 시설이 있다고 하니, 얼마나 지역이 넓은지 규모를 알 수 있을 것이다. 그런데 이따금 좋지 못한 신문기사가 나온다. 지난 2018년 동계올림픽 때 진천선수촌에서 빙상경기 여자선수를 성추행하였느니 폭력이 있었다느니 하는 기사를 보노라면, 씁쓸한 마음 금할 길이 없다.

진천에는 혁신도시가 있다. 2005년 초부터 혁신도시를 유치하기 위하여 김경회군수가 앞장을 섰다. 충북에 한 곳인데, 각 시군마다 유치하려고 예정지를 선정하는 등 경쟁이 치열했다. 진천군수는 단독유치보다 인접 군과 합심하여 예정지를 정하는 것이 유리하다고 판단했다. 그래서 진천군 덕산면과 음성군 맹동면이 경계하고 있는 곳으로 정하자고 음성군과 합의 했다. 충북도의 예정지 답사팀이 현

지에 왔을 때는 음성군과 진천군의 군수와 주민 수백 명이 운집하여 열기를 고조시켰다. 그래서 유치에 성공한 것이다.

진천군의 인구는 매년 꾸준히 증가하고 있다. 혁신도시에 13개 공공기관이 들어오고 대형아파트가 건설됨에 따라, 1만 명이던 덕산면이 인구 2만을 넘어 2019년에 읍으로 승격되었다. 진천군 인구도 6만에서 8만 명을 넘어서 진천시 승격이 다가올 듯하다. 다만 2개 군에 걸쳐 조성되어 행정하는 데에는 불편한 점이 많다.

김경회 군수는 안동김씨 충렬공 24대손이며, 안렴사공 20대손이다. 일에 대한 욕심이 많고 추진력도 대단했다. 진천의 선수촌과 혁신도시는 김경회의 작품이라 해도 과언이 아니다.

김시민 장군과 법혜 스님

김시민 장군은 1554년 9월 23일 충청도 천안시 병천면 가전리에서 김충갑(안악군수)의 셋째 아들로 태어났다. 김충갑은 안동김씨 충렬공 김방경 장군의 13세손이다. 김시민장군은 1578년 무과에 급제하여 훈련원 주부에 임명되고, 1592년 7월 6일 진주목사에 부임하였다. 임진왜란 때 경남 진주성에서 3천8백여 명의 성민과 군사로 정예화 된 왜군 3만여 명을 물리치고 순국하신 진주대첩의 영웅이시다. 충북 괴산에 장군의 묘가 있고, 그 아래 영정과 위패를 모신 충민사에서 춘추로 제향을 올리고 있다. 장군의 출생지인 천안시 병천면 생가지에는 전설적인 구전과 초라한 풀섶만 남아있다.

1986년 충무공김시민장군기념사업회가 발족되어 초대회장인 윤치영(서울특별시장과 내무부장관을 역임)이 독립기념관에 어록비를 건립하고, 1988년 병천면 가전리 탄생지에 사사처 비석을 세웠다. 그리고 2000년대에 들어와 사료집 발간, 학생 백일장행사, 학술발표, 장군의 역사소설, 웅변대회. 공신교서를 일본에서 모셔 오는 등 선양

활동을 전개하였다. 또한 김시민 장군 동상제막 등 각종 사업을 추진하여왔다. 장군의 후손인 김태완 박사(金泰完 : 1946년생)가 2015년 8월 해산 직전에 있던 기념사업회 제5대 회장으로 추대되어 취임하였다. 김태완 회장은 스님이시다. 법명은 법혜(法慧)이다. 그런데 스님은 불교계에서도 존경과 덕망이 높은 인물로 알려져 있으며, 철학박사 학위를 취득했다. 1991년부터 민주평통천안시협의회 회장과 중앙상임위원을 대통령으로부터 임명받아 통일성업을 위한 활동과 사단법인 민족통일불교중앙협의회 의장, 대한불교조계종 금정사 주지, 사단법인 세계예술교류협회 총재, 중앙일보·충청일보 칼럼니스트 등을 맡아 국가와 지역사회 발전에 지대한 역할을 하여, 국민훈장목련장, 국민훈장석류장, 대통령표창을 받았다.

김법혜 회장은 취임하자마자 충남도지사. 천안시장, 의회의장 등을 찾아가 김시민 장군 선양사업을 위한 전폭전인 지원을 건의하였다. 또한 천안시의 각 기관. 단체와 유대를 강화하고 업무협약을 맺어 충무공김시민장군기념사업회에 참여하도록 하였으며 기념사업회 임원도 대폭 확대하였다. 공동대표로 현직 도지사·국회의원 교육자 실업가 등이 활동하고 있으며, 원로위원 고문 자문위원 상임이사 지부장을 두어 전국으로 조직화를 하고 있다. 기획정책본부장, 여성회장, 각 위원장은 도의원 시의원 성직자 종친 등 지역사회 유능한 인사들이 참여하고 있다. 매년 김시민장군탄신기념 헌다례와 문화공연을 하고 전국 통일문예 공모를 하여 장관상 도지사상 교육감상 천안시

장상을 수여하고 있다. 충무공김시민함의 함명 제정을 해군본부에 건의하여 2020년대에 충무공김시민함 구축함이 건조될 예정이며, 유허지의 국가사적지 승격 추진. 김시민장군 탄신일 국가기념일 지정을 정부에 신청 하였다. 또한 생가지와 충렬사 복원 및 성역화 사업을 양승조 충남도지사와 추진 중에 있다.

또한 진주대첩 김시민장군공신교서(천상의 컬렉션) 그날 살리면 살리라 충무공 김시민 역사가 술술(진주성 대첩을 승리로 이끈 김시민장군) 등의 영상물을 만들어 방영하고, 천안극단에서 '아! 충무공 김시민장군'을 연출하여 홍보매체를 통한 선양활동을 하고 있다.

김법혜 회장은 김시민장군 탄신 기념행사를 더욱 의미 있게 하기 위하여 '충무공김시민장군 탄생기념 헌다례 및 문화축제'로 승격하여 실시하고 있다. 2018년 9월 29일 천안시청 봉서홀에서 개최한 행사에는 충남도지사·천안시의장 국회의원이 헌관을 맡아 헌다례를 하였고, 시의원과 각 단체장 및 내외빈 등 1,500여 명이 참석하여 대성황을 이루었다. 김법혜 회장은 자혜롭고 인상이 온유하며 특유의 언변과 화술로 사람을 감동시키고 있다.

나는 생각했다. 김법혜 스님의 지혜와 능력이라면, 김시민 장군 생가지와 충렬사 복원 등 성역화를 할 수 있을 것이다. 많은 예산을 확보하려면, 발이 넓고 각계각층에 인맥이 있어야 하기 때문이다. 옛날과 달리, 요즈음 스님들은 자기의 소질을 살려 다양한 사회활동을 하고 있다. 충남 서산의 서광사 주지이신 도신 스님은 시인이면서 작사·작곡은 물론 노래도 잘하는 가수이다. 음반을 수차례 내고 산사 음악회도 매년 개최하고 있다. 스님 중에는 전문적인 요리사도 많다. 경기도 이천의 정관스님은 요리강사로 유명하다. 사찰음식은 화학조미료를 넣지 않아, 특유의 담백한 맛이 일품이라는 것이다. 서울 정릉의 어느 사찰 주지스님은 한때 정신교육 강사로 활약했다. 1996년 외무고시생들이 교육을 받을 때 스님이 강사로 나온다는 말에 모두들 "중이 무슨 강사?" 라며 비아냥거렸다. 잠시 후 마이크를 잡은 스님의 강의가 시작되었다

"여러분, 오리무중이 뭔지 아오? 오리를 가도 중이 없는 게 오리무중이여. 그리고 중구난방이 뭔지 아시오? 중 입은 막기 힘들다 해서 중구난방이여."

배꼽을 잡고 웃기시작한 입교생들은 스님의 말씀에 빠져든다. 박장대소하는 학생들을 휘 둘러보더니 "여러분들은 앞에 서있는 이 땡추가 우스워 보이제? 나는 여러분들이 우습소. 어렵다는 시험에 붙으니 세상이 다 여러분들 것 같제? 행여 그런 생각들 마소. 여러분들은 힘든 길에 들어선 거요. 자기가 중심을 똑바로 잡지 않으면, 권력이고 지위고 다 여러분들 인생 망치는 욕심의 근원일 뿐인 게요. 사람 마음이라는 게 간사해서, 출세하면 출세한 대로 마음이 더 허기지고, 잃을 게 많으면 많은 대로 근심과 두려움도 많아지는 법이요. 내가 무엇을 위하고 누구를 위하여 이 길에 들어섰는지, 초심을

잃지 말고 욕심을 버리고 나랏일에 임하시길 바라오. 그러면 마음이 허기질 일도 없고, 두려울 일도 없을 게요.”

마음이 허기지지 않고 두려울 일 없는 공직생활. 그것이 이제 막 들어서려 하는 대한민국의 엘리트들에게 스님이 던진 화두였다. 공직에 있을 때는 잊고 있는데, 공직을 그만두고 보니 스님의 말씀이 더욱 진한 여운으로 다가온다.(2017. 9. 11. 조선일보 / 신상목 전 외교관의 글)

우리 문중에도 사회 각계에서 여러 중책을 맡고 선조선양과 사회 활동을 하는 김법혜 스님이 있다는 것이 자랑스러웠다.

책임과 신뢰

사람이라면 누구에게나 조상이 있다. 조상을 받드는 일은 여러 가지가 있을 것이다. 조상의 묘역을 관리하고, 사우(祠宇)와 유적지(遺蹟地)를 보존하며, 제사를 지내고, 충효정신과 학문을 이어받는 것 등이다. 이런 사업을 펼쳐가려면 우선 재정이 뒷받침되어야 한다. 종중(宗中)에서는 임야 · 대지 · 농경지 등 부동산을 취득하고, 여기서 나오는 임대료로 종중을 운영하고 있다. 그런데 부동산이 종중으로 등기가 되어 있지 않고, 대부분 여러 사람의 명의로 등재되어 있는 실정이다. 특히 농경지는 종중으로 등기가 되지 않아 대부분 각파의 대표자 이름으로 현존하고 있었다.

안동김씨 직장공 휘자려종회(安東金氏直長公諱自麗宗會) 김정회 회장이 충북 영동군 황간면 회포리에서 총무를 대동하고 2003년 1월 16일 진천에 오셨다. 진천군 문백면 계산리 산21-1외 1필지를 매각해야 하는데, 소유자가 개인 명의로 있어 우선 종중으로 등기를 한다는 것이다. 김유영 사법서사에게 자문을 받고 유림원에서 점심을 먹으면서 회장이 나에게 부탁한다.

"이 산의 등기소유자가 네 명인데, 김장회(金壯會)는 영만 대부가 등기서류를 해다 주세요. 등기서류는 주민등록 초본과 인감증명 및 인감을 가지고 오면 됩니다."

나는 종중 어른이 부탁하는 것이라, 아무 말 없이 승낙하였다. 김장회의 소재를 알아보니, 일정한 주거지가 없이 진천읍 장관리 김승회가 운영하는 축사에서 일하고 있다 한다. 그래서 찾아갔는데, 하필이면 아침에 일마치고 외출 중일 때 방문하는 바람에 두 번이나 허탕치고 말았다. 세 번째 가서는 내일 아침 9시에 온다는 메모를 명함에 남기고 왔다.

드디어 2003년 2월 9일 개 사육장에서 김장회를 만났다. 찾아온 연유를 말하고 인감증명과 주민등록초본을 떼어 오라했다. 그런데 충남 공주에 가야 하는데, 여비가 없다고 한다. 그래서 지금 다녀오라며 100,000원을 주니 덥석 받아서 주머니에 넣으며 "예, 다녀오겠습니다" 한다. 그리고 주인 김승회에게 장회가 공주에 다녀오도록 승낙을 받았다. 그런데 며칠이 지나도 아무 소식이 없다.

2003년 2월 11일 밤 11시에 김장회 라며 전화가 왔다. 어디냐고 하니 공수 금강파출소라 한다. 나는 직감에 '근일 났구나 이놈이 일을 저지른 모양이다'라고 생각하고 있을 때, 전화기를 바꾸더니 "금강파출소 ㅇㅇㅇ순경입니다. 김장회 보호자 되십니까?"한다. 내가 보호자라고 하니, "이 분이 여관비와 밥값을 지불하지 않아 업주에게

서 고발이 들어와 보호하고 있다"는 것이다. 어처구니가 없었다. 나는 내일 오전에 가겠다고 말하고 전화를 끊었다.

다음날 새벽에 일어나자마자 어둑한 새벽길을 헤치며 승용차로 공주를 향해 출발했다. 처음 가는 길이라 물어물어 가다보니, 아침 9시경 파출소에 도착했다. 직원에게 충북 진천에서 왔다고 하니, "예"하며 김장회가 있는 세화여인숙으로 안내한다. 나는 여관비를 치러주고 장회를 데리고 나와 우성면사무소로 갔다. 주민등록초본은 발부받았으나, 인감은 등록이 되어있지 않았다. 버스터미널 근처로 나와 소머리국밥으로 아침을 먹고, 김장회의 도장을 새겨 면사무소를 재차 방문했다. 정말 어렵게 인감을 등록하고 증명서류를 받았다. 나는 김장회의 서류와 도장을 가지고, 장회에게 진천으로 가자고하니, 공주 성곡사에 딸을 만나고 간다고 한다. 그래서 장회에게 용돈 2만원을 주고, 오후 1시경에 공주를 떠났다.

진천의 길손식당은 사법서사 사무실과 가까워 종중임야의 등기과정에서 회의 장소 겸 식당으로 이용하였다. 그런데 김장회는 이 식당에서 취식을 하고 시도 때도 없이 전화를 한다. 한동안 음식 값 치르느라 속은 상했지만, 꾹 참고 있었다. 드디어 2003년 2월 24일 김정회(79) 회장님이 오셔서 종중 등기가 났다며, "그동안 대부님 수고하셨습니다." 한다. 이제 모든 것이 잘 되었으니, 마음 편히 지내겠다고 생각했다. 일이 끝난 후에도 김장회는 여러 차례 전화를 걸어왔으나 개의치 않았다. 나는 이 일로 인해서 책임과 신뢰를 생각했다. 김정회 회장님이 나에게 김장회의 등기서류를 부탁할 때는 나를 믿었기 때문이라고 생각했고, 나는 책임을 갖고 꼭 해야겠다는 결심을 한 것이다. 그래서 여비도 주고, 새벽에 공주로 달려가 여관비는 물론 이곳저곳 데리고 다니면서 인감을 새겨 등록도 하였다. 그리고 등기가 날 때까지는 장회가 요구하는 외상값을 치르고 용돈도 주었다.

내가 금전과 시간을 아끼지 않은 것은 오직 책임을 완수하기 위해서였다. 맡은 바 책임을 다하지 않고서야 어찌 신뢰를 얻을 수 있겠는가.

종중에 관한 나의 회고

내가 초등학교 가기 전 아버지를 따라 시향(歲一祀)에 갔었다. 진천읍 장관리 석화동(石花洞)이다. 이곳에는 안동김씨 안렴사공의 증손자 인(鄰), 손자 윤손(允孫) · 형손(亨孫), 증손자 원(元), 고손자 효돈(孝敦)의 할아버지 묘가 있다. 세일사는 매년 음력10월 10일이라 추울 때가 많다.

이날도 비가 온 다음 날이라 바람이 약간 불고 추었다. 수십 명의 자손들이 모여 제사를 지냈다. 나는 제사가 끝나면 음식을 먹고 갈 줄 알았다. 그런데 또 다른 할아버지 묘에서 제사를 지낸다. 아버지에게 집에 가자고 하니, "조금만 참아. 그러면 시향 몫도 주니 타가지고 가자."하신다. 그런데 홀기(笏記)를 가지고 창홀(唱笏)을 하면서 다섯 분의 할아버지에게 제사를 지내니, 오전 10시경에 시작한 것이 오후 1시경에 끝났다. 얼마나 지루한지 엉엉 울면서 아버지를 괴롭힌 기억이 난다. 지금은 집단묘지 앞에 크고 넓은 상석을 설치하고 한 번에 제사를 지낸다. 그래서 시간과 제수비를 절약하고 있다. 이곳이 진천에 뿌리를 내린 안동김씨 할아버지(入鄕祖)님이시다.

옥천군에 근무(1974~1977)할 때이다. 안동김씨 대종회에서 사진첩을 만든다고 종친들의 사진을 접수하고 있었다. 사진에는 주소 및 직업 등을 간단히 기재하였다. 옥천군청에 김태수 군수와 김향묵 등이 있어 내가 사진을 취합하였다. 그 당시 나는 서울대학병원에 통원치료하고 있어 서울에 자주 가고 있었다. 내가 서울 가는 날 사진을 가지고 대종회를 가게 되었다. 그래서 김윤회(金崙會) 상임부회장을 처음 뵙게 되었다. 내가 옥천에는 근무하는 곳이고 고향은 진천이라고 하니, 의자에서 일어나시더니 "영자 항렬이시네요. 대부님! 제가 진천경찰서장을 했어요."하시며 반가워하신다. 내가 안렴사공파라하니 자기도 오창이 고향이고 안렴사공파라 하여, 그때부터 인연을 맺고 대종회 총회에도 참석하게 되었다.

단양군청에 근무(1977~1983)할 때다. 김득영 부군수가 부임하였다. 부군수와 산림과장으로 몇 개월을 지냈다. 그러다 하루는 저녁을 먹고 부군수 관사를 방문했다. 마침 집에 계시고 있었다. 방안에 들어가는 순간 방바닥에 안동김씨 서류들이 보였다. 그래서 "부군수님 안동김씨요?" 하니, 쓰고 있던 안경을 벗으며 벌떡 일어난다, "산림과장 안동이여." 하며, 두 손으로 나의 손을 잡으며 반가워하신다. 김득영(金得榮: 제학공파)부군수는 榮자 항렬인데 호석이 잘못되었나고 한다. 나는 형님을 만나 반가웠고, 둘이는 형님 동생 하면서 지냈다.

진천군 문백면 계산리에 나의 15대조 직장공 김자려(直長公 金自

▲ 2012년 충북 영동군 회포리 좌랑공 湜. 직장공 自麗 시제후 형님 동생하며 술잔을 주고 받으시는 정다운 모습. 좌로부터 김정회 · 김태선 · 김창회

麗)할아버지 묘가 있었다. 오래전 이야기다. 묘가 훼손되어 사초(莎草)를 한다기에 참석하여 잔심부름을 한 적이 있다. 그때 두 분의 종친이 작업을 지도하며 끝날 때까지 종사이야기를 하신다. 나는 귀를 기울여 무슨 말씀을 하는지 듣고 있었다. 이 할아버지의 아버지인 좌랑공 김식(佐郞公 金湜)묘가 실전된 것을 다시 찾은 내력과 매년 시향을 지내는데 불편한 점 등을 이야기 한다. 나중에 알고 보니 한 분은 영동군 황간면의 김정회(金貞會 : 1925生)님이시고 한분은 증평의 김창회(金昌會 : 1927生)이시다. 두 분은 우리 종중의 발전에 표상이 되는 어른이시다.

이곳에 있던 안렴사공의 아드님 좌랑공 식(湜), 손자 직장공 자려(自麗)묘는 1997년 충북영동군 황간면 회포리 산13번지로 천봉하였다. 이곳 직장공 자려 묘의 아래는 큰아들 대구교수 극(郤)의 묘가 있다.

김정회님은 황간 향교 전교도 역임했으며, 숭조사상이 투철하셨다. 매년 세일사를 지내고 나면, 참석한 종인들에게 항상 좋은 말씀을 하시어 귀감이 되었다. 또한 가장(家長)으로서 아들은 물론 동생 넷을 종중에 참여하게 하여 모범을 보였다. 안동김씨대종회 감사 태선은 아들이요, 철회, 웅회는 동생이요, 대종회 고문이다. 정회님은 2019년 8월 95세로 영민하셨다.

그간 종사에 관여하면서 배우고 감탄하고 본받아야 할 종친들을 많이 보았다. 내가 안동김씨 안렴사공파 회장(2005~2011)을 할 때 봉고차를 이용 임원들과 후손들의 세거지를 방문한 일이 있다. 충북 영동·옥천·청원·괴산·진천과 충남 보령·연기, 경기 의정부, 여주시 등을 찾아가 세거조묘(世居祖墓)에 참배하고 종친들과 친목을 도모하였다. 마지막으로 2007년 9월 1일 강원도 삼척시를 방문하였다. 오창에서 주회 회윤 성회(서울)성회(연기)관묵 용주 태문 영만 등 11명이 출발하였다. 삼척에 도착하여 현지종인 5명과 함께 안렴사공 9세손 영후(榮厚), 11세손 보감(寶瑊) 묘에 참배하였다. 묘는 골프장내에 있어 전동카트로 이동하였다.

나는 삼척에 가서 새로운 사실을 알았다. 이시발 장군(1569-16

26)의 외가댁이라는 것이다. 이시발 장군이 경상도 관찰사로 계실 때 외손(外孫)으로서 충렬공 중시조님 묘를 참배하고 비석을 세웠으며 관리하셨다고 한다.

진천군 초평면 양촌부락은 경주이씨의 집성촌이며 신도비를 비롯한 장군의 유적지가 있고 후손들이 번창하고 있다. 나는 항열(行列)이 높아서 난처한 때가 많았다. 충북도청 근무할 때는 김태선(안렴사공파)산림국장을 모셨고, 옥천군청에서는 김태수(제학공파)군수를 모셨다. 호칭을 할 때는 국장님!. 군수님! 이라 불렀다. 김태수 군수는 사석에서 '대부'라고 해 난처하기도 했다. 김춘교 인천 종친회장은 나를 만나면 인사가 "7대조님, 안녕하세요?"이다. 항렬이 낮으면 윗항렬에게 아저씨 대부님이라고 부르기 좋고 가까이 할 수도 있었다. 나는 아래 항렬의 종친을 만났을 때 항상 어떻게 불러야 하나 고민이 많았다.

그래서 내 나름대로 아래 항렬의 종친을 부를 때 다음과 같이 하였다.

- 직책이 있으면 이름에 직명을 붙여 부른다.

ㅇㅇ총무(님), ㅇㅇ회장(님). ㅇㅇ사장(님).

- 학식이 있고 나이가 드신 어른의 경우

ㅇㅇ족장(님 : 族丈).

- 보통 아래 항렬일 경우

조카(님), 족손(님:族孫)

*호칭에 좋은 의견 있으면 '010-5482-6624(김영만)'로 문자 보내주시면 고맙겠습니다.

Ⅱ

배우고 소일하며

유도회(儒道會) 입문

유도회(儒道會)라 함은 전국 유교인(儒教人)들의 단체를 말한다. 그래서 같은 이름인 유도(柔道)와 혼동하기 쉽다. 동음어인 유도(柔道)는 맨손으로 상대방을 넘어뜨리거나 또는 메어쳐 공격하고 방어하는 무술경기이다. 올림픽 종목이기도 하다. 나는 공직에서 퇴임 후 고향에 돌아와 옛 친구들과 어울리며 그들의 권유로 여러 단체의 총무 또는 회원으로 가입했다, 하지만 유도회가 무엇하는 곳인지 모르고 있었다. 유도회(儒道會)는 중앙에 성균관유도회총본부, 도에 유도회충북본부, 군에 유도회진천군지부, 읍면에 ㅇㅇ읍면분회로 조직된 전국적인 단체이다, 1999년 10월 15일 진천군사우보존회(鎭川郡祠宇保存會) 사무실에서 신응현 회장과 정준택 유도회 진천군지부장이 나에게 감찰위원장을 맡아 달라면서 입회원서와 이력서 양식을 내민다. 나는 엉겁결에 입회서류를 받았으나, 감찰위원장이 무엇을 하는 직책인지 잘 알지 못해 확답을 하지 않았다, 며칠 후 서류를 작성해 유도회 진천군지부 사무실에 가서 권영대 총무부장에게 입회원서를 제출하였다. 정준택 지부장은 학교선배로 알고 있었으나, 권영대 총무부장과는 첫 대면을 했다. 그는 전직 교사(敎師)로 청렴결백한 선비로 알려져 있었다.

감찰위원장의 직책을 맡았지만 일 년에 한번 감사보고서에 도장을 찍고, 임원회의나 향교 초하루 보름 봉심에 참석하는 것 등이다. 2003년 7월 1일 정준택 지부장과 조용철 전교가 임기 만료로 이임하고, 봉원기 유도회장과 김병천 진천향교 전교가 취임하였다, 그리고 나는 총무부장이 되어 권영대 총무로부터 업무를 인수받았다. 인수를 받고 보니, 재정이 너무나 빈약하였다. 수입이라고는 진천향교에서 110만 원, 군청에서 도의 선양비 500만 원, 특별성금 등 총 예산이 연간 1,000만 원 내외이다. 총무부장이 되고 보니 할 일이 많다. 각종 사업계획 수립 및 시행과 예산집행, 문서수발 등은 기본이다. 나는 유도회 발전을 위하여 우선 하부 조직인 읍면 분회 활성화에 주력하였다. 그래서 읍면분회의 회의나 행사에는 언제나 참석하였다. 다행이 백곡, 이월, 광혜원면 분회는 모범적으로 잘 운영되었다. 유도회에서는 각종 보조금을 받기 위하여 2006년 2월 21일 비영리단체로 충청북도에 등록도 하였다.

매년 실시하는 도의선양대회(道義宣揚大會)와 도덕성회복을 위한 강연회는 유도회의 큰 행사이다. 유림의 단결과 정신을 널리 알리는데 목적을 둔 이 대회는 유명 인사를 초청하여 강연을 듣고, 효자효부와 선행 학생을 표창하였다. 내가 총무부장을 맡고 심혈을 기울인 일은 2005년 9월 9일 진천군여성유도회 창립이 있다. 나는 성균관 교육원에 다니면서, 중앙에 성균관 여성유도회가 있고 각종행사에 여성이 참여하는 것을 보았다, 그래서 우리도 진천군여성유도회를 조직해 보자고 생각했다. 2005. 8. 19. 보림숯불갈비집에서 신응현(사우보존회장), 임복례(국악인), 이영자(진천군여성회장), 김명자(사업가)와 저녁을 하면서, 여성유도회 창립건을 이야기 하였다, 모두 좋다고 하며 적극 후원할 터이니, 나에게 추진하라고 한다. 그래서 봉원기 회장의 승낙을 받아 창립총회 여성참여자를 다음과 같이 규정하였다.

① 그동안 유도회에 비치된 표창자 명부에 있는 효녀 효부,

② 각 읍면 분회장이 추천하는 여성

③ 사회활동하고 있는 여성 등 41명을 선정, 창립총회 개최 공문을 작성하여 발송하였다. 그리하여 2005년 9월 9일 진천읍 노인회관 3층에서 28명이 참석, 진천군여성유도회창립총회를 개최하였다. 식순은 국민의례, 봉원기 회장 인사, 김병천 전교 격려사, 경과보고, 임원선출 순으로 진행하였다. 초대 회장 이숙자, 부회장 권처기 오병화 총무 김명자를 선출하고 참석회원에게 입회 원서를 받았다. 행사내용을 스케치한 보도자료를 유림신문에 보내고, 성균관 여성유도회 중앙회에 임원선출 보고 및 임명장을 상신하였다.

2006년 2월 17일 봉원기 유도회장이 진천군 노인회장 선거에서 상대방 후보보다 월등한 차이로 당선되었다. 2월 22일 선우정 식당

에서 진천 유지들의 친목계인 백사계를 개최하였다. 이 회의 도중 불미스런 일이 돌발하여 백사계를 탈퇴하였고, 유도회 총무부장직도 2006년 2월 27일 사퇴하였다. 당시 역동적으로 활성화되던 진천군 유도회를 사적인 감정으로 참지 못하고 사퇴한 것에 대하여 관계자 분들께 항상 죄송하게 생각하고, 나 자신에게도 부끄럽게 여기고 있었다. 그리고 일 년 후인 2007년 1월 19일 군산복집에서 봉원기 회장, 김병천 전교, 정재교 유도회 총무, 김의영 장의 등과 오찬을 하면서 지난 일을 사과하고 새해부터는 진천유림 발전에 기여하자고 다짐하였다.

예절지도사 자격증

2003년부터 성균관유도회교육원에서 예절지도자(禮節指導者)를 양성하기 위한 교육을 실시하였다. 교육과정은 인·의·예·지(仁·義·禮·智)이고, 인·의·예 과정은 각 일주일이며, 국고보조로 무료이다. 지 과정은 이주일(二週日)이며, 유료로 30만원을 부담하였다. 이 과정의 교육을 모두 이수하면, 수료증과 함께 예절지도사 자격이 부여된다. 2004년 6월 3일 진천군 유도회 회원 김종명·정지호 김영만 이상 3명이 본 교육에 참가 신청을 하였다. 그리고 성균관유도회로 신청서 첨부 공문을 발송하였다. 개강은 7월 5일 오전 9시이고 수료식은 9월 2일이다. 진천군 유도회에서 일인당 5만원씩 15만원을 보조 지원하였다.

2004년 7월 5일 교육에 참가하기 위하여 세 사람이 진천에서 동서울 행 6시 30분 버스에 승차했다. 동서울에서 성균관 가는 길은 조금 복잡하다. 강변역 지하철2호선 승차, 동대문역사문화공원역에서 환승, 혜화역에서 나와 성균관으로 가는 것이다. 교육장소인 비천당에 도착하니 8시 50분이다. (비천당丕闡堂은 성균관내에 있는 조선

修 了 證

實踐禮節指導講師 課程

金 榮 萬

371215-1384152

이 이는 성균관유도회 교육원에서 실시한 實踐禮節指導講師(仁,義,禮) 課程을 충실히 이수하였음을 인정함

2004년 8월 13일

성균관유도회 교육원장 崔 昌 學

위의 인정에 의하여 實踐禮節指導講師 課程 수료증을 수여함

2004년 8월 13일

성균관유도회 회장 邊 瑠 燮

資 格 證

實踐禮節指導師

金 榮 萬

371215-1384152

이 이는 성균관유도회 교육원에서 실시한 실천예절지도사 자격과정을 충실히 이수하고 소정의 심사를 통과하였으므로 자격을 인정함

2004년 9월 2일

성균관유도회 교육원장 崔 昌 學

위의 인정에 의하여 실천예절지도사 자격증을 수여함

2004년 9월 2일

성균관유도회 회장 邊 瑠 燮

▲ 예절지도사 자격증

시대 선비들이 과거를 보던 건물이다. 과거장에는 임금님이 주관하였다.) 오전 9시 간단한 개강식에 이어 오후 5시 20분까지 하루 종일 교육을 받았다. 개강 첫날 수강인원은 90여 명(여자 40명)이었으나, 수료증과 실천예절지도사 자격증을 취득한 사람은 52명이었다.

세 사람이 다니면서 문제되는 것은 경비지출이다. 교통비, 음식비, 간식비 등을 각자 부담할 수 없어 총괄하기로 하였다. 내가 유도회 총무이니 날보고 하란다. 그래서 경리 노트를 임시로 만들어 수입 지출을 명확히 하였다. 우리는 교육을 수료하기 위하여 각자 많은 금액을 투자하였다. 이 과정을 이수하면서 가장 어려웠던 점은, 진천에서 통학하는 문제였다. 새벽에 일찍 일어나고 저녁 늦게 돌아오니,

노년기라 체력이 달리고 내조하는 부인들도 고생이다. 그리고 차를 타면 항상 교통체증으로 지각하지 않을까 교통사고 없이 안전하게 갈 것인가 등이 걱정되고 불안하였다.

다행인 것은 마지막 지과정(智課程)은 비천당에 침구를 마련해주어 잠을 자고, 아침저녁은 일반식당에서 먹을 수 있었던 점이다. 그런데 비천당이 문화재로 등록된 곳을 모르고 사용했기 때문에 차후에 문제가 되었다. 지금은 엄격히 보호되고 있다. 우리 셋은 항상 일심동체로 움직였다. 점심은 성균관대학교 식당을 주로 이용했다. 값싼 학생식당과, 다소 고급인 교수식당이 있는데, 우리들은 양쪽을 모두 이용하였다.

교육을 마치고 귀가할 때는 하루의 피로를 풀기 위하여 동서울터미널 앞의 포장마차에서 오뎅이나 계란 안주에 소주 한 잔 하는 것이 정례화 되었다. 강의 내용은 관혼상제(冠婚喪祭), 생활예절, 선비정신, 세시풍습, 실습 등 다양하였다. 교수진은 김득중 전례원장(金得中 典禮院長), 최창학 교육원장(崔昌學 教育院長), 손영희 예절관장(孫影姬 禮節館長), 윤무학 성균관대 교수(尹武學成均館大 教授), 서정기(徐正淇) 동양문화연구소장 등이다. 특별히 기억에 남는 것은 개인별 과제를 만들어 발표한 것이다. 정지호는 학생예절(學生禮節), 김종명은 가가례(家家禮), 나는 독축과 창홀(讀祝.唱笏)을 발표하였다. 지금도 그때 교육생들이 발표한 과제 유인물을 편철하여 갖고 있으며, 간혹 참고가 되고 있다.

우리 3인은 2004년 9월 2일 수료증과 함께 실천예절지도사 자격증을 받았다. 이 자격증은 무더운 여름철 삼복더위를 극복하고 서울 삼백리 길을 통학하며 어렵게 성취한 징표라서 감회가 다르다. 공무원 퇴직 후 처음으로 체험한 예절교육은 나에게 새로운 삶의 지평을 열어 주었다.

석전교육원(釋奠敎育院)

성균관에는 석전교육원(釋奠敎育院)이 있다. 석전은 공자님을 모신 사당에서 지내는 제사를 말한다. 석전제(釋奠祭), 석전대제(釋奠大祭), 문묘대제(文廟大祭) 문묘제례(文廟祭禮)라고도 한다. 향교에서 지내는 제사도 석전이다. 성균관이나 향교에서는 매년 음력 2월, 8월 초정일(初丁日:그달 첫 일진이 정자丁字)에 제사를 지낸다. 석전대제는 중요무형문화재 제85호로 지정되어 기능 보유자가 있으며, 석전보존회에서 특별 관리하고 있다. 석전교육원은 학위를 수여하는 전통예술학사(傳統藝術學士) 과정과 전문 전례사(典禮士) 양성과정이 있다. 전례(典禮)란 향교석전, 서원제향(書院祭享), 문중제향, 기타 제향 등 모든 제사의 의식을 말한다.

나는 2005년 12월 17일 전례사 제5기 교육과정을 마치고, 수료증과 전례사 자격증(典禮士資格證)을 받았다. 이수자는 15명이다. 이 교육을 받기 위하여 9월 23일부터 매주 금요일, 토요일 수업에 참가하였다. 진천에서 새벽에 떠나 오전 9시부터 오후 6시까지 강의를 듣고 집에 오면 밤 9시라 초죽음이 된다. 매일 계속되면 어려웠을 것이다. 다행이 5일 쉬고 이틀 통학이라 가능했다. 이때는 혼자라 너무도 적적하고 무덤덤하였다. 그래서 기억에 남는 것도 없다. 이 교육은 실습이 많았다. 독축(讀祝)과 창홀(唱笏)은 매일 계속된다. 제례시 모든 과정에서 집사의 위치와 거동도 실습이다. 특히 제주(祭酒: 술 담그기) 실습은 관심이 많다. 실습으로 만든 술로 수료식 때 잔치를 했다. 술이 잘 빚어 나와 모두들 거나하게 마시고 즐거워했다. 나도 집에서 실습대로 해 보았는데, 실패하였다. 원인은 물을 많이 넣은 것이다. 그래서 발효시간이 길었고 알콜 농도가 낮아, 그냥 마셔도 취하지 않고 덤덤한 술이 되었다.

2011년 10월 4일부터 석전교육원 김경선 교수의 제례교육 특별강좌가 있었다. 교육일정은 매주 화요일 오후 2시부터 3시간씩 10주간 계속되었다. 나는 이 교육에도 참석하여 진천에서 결근 없이 통근하고 수료증을 받았다. 그리고 2013년 1월 10일부터 매주 목요일에는 8회에 걸처 김경선의 역사문화강좌가 개최 되었는데 이때는 백원평 회장과 같이 수강하였다. 지천유림에서 김 교수를 초대하여 특강도 진행한 바 있다 전례사 교육과 김경선 교수의 제례특강은 내게 큰 도움이 되었다. 그래서 진천향교 전교, 사우보존회장, 문중회장 등을 맡으면서도 모든 제사를 주관할 수 있었다.

석전교육원에서 전통예술 학사과정과 전례사과정을 수학한 수료자들의 모임인 성균관석전교육원 총동문회(成均館釋典教育院總同門會)

가 있다. 동문회에서 2006년 1월 『석전가족(釋典家族)』 창간호를 발간하였고, 2019년 1월 제8호를 출판하였다. 동문들의 활동사항과 정성이 깃든 글들은 우리들의 생활에 귀감이 되고 있다.

동문회에서는 매년 총회와 송년회 외에 유적지 탐방, 효행장려상, 자율학습, 유명강사 초빙 등 회원들에게 유익한 행사를 진행하고 있다. 근래에 황미숙(學士一期), 신동성(典禮士五期) 회장이 취임하면서 더욱 발전하였다. 특히 양평의 이한영 부회장은 유적지 탐방을 위한 버스를 2년 연속 부담하여 회원들로부터 칭송을 받고 있다. 모든 단체는 회원들의 적극적인 참여와 협조가 있어야 발전할 수 있다. 나는 이 동문회(2019) 부회장이고, 성균관 석전보존회 회원이다.

성균관임원 몽골기행

2007년 8월 2일 김병천 전교로부터 몽골 여행을 가자고 전화가 왔다. 성균관에서 주관하고 최근덕 관장을 비롯해 40여 명이 참석한단다. 공식 명칭은 유교문화승지연구회 제4회 해외답사(儒教文化勝地研究會 第4回 海外踏査)이다. 8월 24일부터 29일까지 4박5일 일정에 비용은 125만원이라 한다. 김병천은 성균관 부관장이고, 나는 성균관 전학(典學)이다. 관광비용이 조금 비싼 것 같으나 일단 승낙하였다. 성균관 담당자에게 여권 사본을 보내고 관광비용도 송금해 수속을 완료했다.

8월 24일 정오에 진천을 나서 청주를 거쳐 인천국제공항에 도착하니, 오후 3시 30분이다. 최근덕 성균관장 일행과 상견례를 하고, 짐도 부쳤다. 오후 8시 35분에 이륙하여 밤 11시에 몽골 울란바토르에 도착했다. 밤중에 도착하니 볼 것이 없고, 숙소인 선진호텔도 변두리에 있어 찾아가는 도로변이 쓸쓸한 느낌이다. 몽골에 있는 동안 김병천과 숙식을 같이 했다.

몽골은 한반도 면적의 7배가 되지만, 인구는 고작 270만이란다. 그것도 수도인 울란바토르에 110만명이 거주하고 있다. 울란바토르는 해발고 1350m에 위치하고, 몽골 전체가 1,000m이상의 고원지대이다. 몽골인 35,000여 명이 한국에 와서 취업하고 있어 외화획득에 큰 도움을 준다. 그래서 몽골정부에선 한국을 중요시 하고 특별대우를 한다. 몽골은 사막도 있지만, 대부분이 끝없는 초원이다. 우리나라도 이런 초원이 있으면 얼마나 좋을까 싶어 부러운 마음이 들었다.

몽골의 징기스칸(成吉思汗 : 1162-1227)은 아시아와 유럽대륙에 제국을 건설, 영웅으로 추앙받고 있다. 산 비알의 거대한 동상과 울란바토르에 있는 유물전시관은 전 세계인이 모여드는 관광코스이다. 전성기의 세계지도에 붉은색으로 몽골영토를 표시하였는데, 우리나라도 포함되어 있다. 테를지 국립공원에서 펼쳐진 미니나당 축제는 활쏘기, 씨름, 어린이 무속 춤, 악기를 들고 나와 두 가지 목소리내기 등 다양한 볼거리가 선보였다. 주변에는 집 한 채 없는데, 어디서 왔는지 많은 사람들이 모였다. 관람자들에게 마유주와 빵을 나누어 주고 먹으란다. 마유주는 말 젖을 발효해 만든 술인데, 처음에는 신맛이 있으나 마실 만하다. 주기는 없다.

축제가 끝나고 우리들은 승마(말타기)를 했다. 나는 평생 한 번도 말을 타보지 않아 머뭇거리고 있는데, 모두 타야 한다며 재촉한다. 어린이들이 고삐를 잡고 500m쯤 다녀오는 것이다. 나는 힘들게 말안장에 올라탔다. 그런데 큰일이다. 말안장이 나무판으로 되어 엉덩이 살이 없는 나는 걱정이 태산 같았다. 처음에는 견뎌냈으나 반환점을 돌고부터 도저히 앉을 수가 없다. 그래서 발판을 밟고 일어서서 간신히 출발장소로 돌아 왔다. 말에서 내리려고 하니, 다리에 쥐가 난다. 일생에 처음이고 마지막인 말 타기는 고통스러운 추억만 남겼다. 말젖을 짜는 광경이 새롭다. 긴 동아줄에 어린 말들을 매여 놓고 한 마리씩 끌어내 어미 말 젖을 빨게 한다. 어미 말에서 젖이 나오면, 망아지를 떼어내고 사람이 말 젖을 짠다. 망아지는 맛만 보라하고 동아줄에 다시 매여 놓는다. 이들의 숙소인 게르 안으로 들어가 마유주를 시식하였는데, 축제장에서 먹은 것 보다는 좋다. 게르 안 한쪽 벽면에 그들의 조상사진을 비치한 제단이 있다. 전에는 나라에서 못하도록 단속하였으나, 지금은 허용하고 있단다. 유목민들의 조상숭배 사상을 보고 느낀 점이 많다.

4박5일의 여행기간 동안 이틀은 유목민들의 숙소인 게르에서 지냈다. 첫날은 한밤중에 한기가 몰려와 추워서 잠을 설쳤다. 김병천 전교도 춥다고 한다. 전등불이 안 들어와 더욱 불편했다. 나는 밖으로 나와 하늘을 보았다. 깜깜한 밤하늘에 수많은 별과 은하수는 볼수록 아름답다. 별똥 하나가 밝은 빛을 내면서 하늘을 가로 지른다. 어려서 보던 밤하늘보다 몇 배 더 아름다운 광경이다. 아침에 일어나서야 간밤에 고생한 이유를 알았다. 게르 밑바닥에 있는 공기 통로를 막아야 하는데, 그냥 두어 찬 공기가 들어온 것이다. 게르 안의 난로에 장작이 준비되어 있었으나, 불을 피우지 않아 고생을 자초한 것이다. 다음날은 아주 편하게 잠을 잤다.

다음날 야생마 서식지로 이동하는데, 비포장도로가 연속된다. 중간에 가이드가 이곳은 사막이라고 하는데, 잡초가 있어 초지와 다름없다. 저녁 무렵 야생마를 보려고 백여 명이 산골짜기를 바라보고 있다. 이곳에 200여 마리가 있는데, 특별히 보호하고 있단다. 해가 서산으로 기울 무렵 야생마가 나타난다. 관객 하나가 "저기 나온다!" 소리치니, 사진기사가 조용히 하라며 자기 손가락을 입에 대고 충고한다. 200여 m에서 바라본 야생마 구경은 해가 넘어가 싱겁게 끝났다. 야생마 관리요원들이 막사 근처에 감자를 심었는데, 신기하여 한 포기 캐어보니 탐스럽게 달렸다.

관광을 마치고 마지막 날 고급호텔에서 먹은 말고기 회는 추억이 새롭다. 넓은 접시에 옥돌을 깔고 붉은 말고기 회를 얇게 썰어 놓았는데, 보기엔 무척 흉측하다. 아무도 먹지 않아 나는 맛을 보려고 젓갈로 한 점을 입에 넣었다. 모두들 시선이 나에게 집중된다. 그런데 맛이 너무 좋아 입에서 슬슬 녹는다. 나는 먹고 나서 순간 상을 찌푸리고 좋지 않다는 신호를 보냈다. 그리고 몇 번 더 먹고 나서 "어! 먹을수록 괜찮네."하니, 너도 나도 덤비는 바람에 순식간에 말고기 회는 없어지고 옥돌만 접시에 남았다.

8월 27일 게르에서 자고 새벽에 김병천, 임석구와 앞산을 올라갔다. 두 분은 중간에서 포기하고 혼자서 정상에 오르니, 박남호 부관장이 맨손운동을 하고 있다. 먼지 하나 없는 동쪽 하늘에서 찬란한 해가 솟아오른다. 둘이서 큰소리로 야호! 삼창을 했다. 박남호님은 세상을 떠났고 추억만 어른거린다.

징기스칸의 나라, 몽골! 끝없는 초원에서 마유주 먹고, 말 타고, 야생마 구경하고, 말고기 먹으니, 이번 여행은 온통 말(馬) 기행(紀行)이다.

진천향교와 우석대학교에 얽힌 이야기

내가 음성군청에 근무할 때(1991-1994) 감곡면 왕장리에 극동대학을 유치한다는 내용의 복합민원이 접수되었다. 신청서를 보니, 군유림도 포함되어 있고 교통이 매우 불편한 곳이다. 그 당시 경태현 내무과장이 서두르며 현지를 보러 가자고 한다. 시골길로 가는데 첫 인상에도 이런 곳에 대학을 유치하다니 맘에 들지 않는다. 그러나 내무과장은 도로를 개설하고 군유림을 매각하면 된다는 것이다. 그리고 무조건 해주란다. 돌아오는 중에 차안에서 안내자가 말한다. 지난번 진천군에 대학을 세우려고 민원을 신청했는데, 어찌나 까다로운지 철회하고 왔다고 불평을 한다. 음성군민의 성원으로 일찌감치 대학을 유치하였다.

2008년 1월 17일 11시부터 진천 제일웨딩홀 2층에서 유림총회가 개최되었다. 진천향교 정재교 사무국장이 사회를 보고 김병천 전교가 주관하였다. 회의 안건은 우석대학교 진천캠퍼스 유치를 위하여 진천향교 부동산 7만여 평을 매각하는 문제이다. 맨 처음 김찬기 고적회장(향토사 연구회장)이 찬성발언을 하고 이어서 봉원기 유도회장, 성균관 전학인 나(김영만)와 김용기, 유림대표 한상문, 이금수, 이약우 등도 찬성발언을 했다. 다만 '매각대금을 어떻게 사용하느냐가 주요 이슈가 되었다. 회의는 1시간 만에 끝났다, 매각금액은 감정평가에 따르기로 하고 김병천 전교와 봉원기 유도회장에게 위임하였다. 이제 진천군민의 소원인 대학유치가 눈앞에 다가왔다. 진천향교의 부동산은 소유자가 충청북도 향교재단 이사장 명의로 되어 있고, 부동산 처분은 충청북도지사의 허가를 받도록 되어 있었다. 2008년 6월 2일 도지사의 허가를 받았다. 내역은 다음과 같다.

1. 처분허가 재산 내역
- 소재지 : 진천군 진천읍 교성리 464-2외 75필지(전66,
  답3, 임야 7필지)
- 면 적 : 213,198㎡ (전 66,681㎡.답 1,468㎡. 임야 145,049㎡)
- 처분금액 : 6,761,396,000원
- 매수자 : 영화건설(주)

2. 허가조건
- 당초 처분 목적대로 대학유치가 안될 경우 그 허가를 취소할 수 있다.
- "대학유치가 안될 경우 영화건설(주)은 향교재단에 원래 매매가

액대로 토지를 환급한다."라고 계약서에 명기(공증)

- 기본재산의 매각적립금은 기본재산 조성에만 사용할 수 있다.

* 매각대금은 금융기관에 본 법인 계좌로 적립하고 향후 기본재산 조성토록 조치

토지 매수자가 영화화건설(주)로 된 것은 이 회사에서 부동산을 매수하여 40%정도의 토지는 사용하고, 나머지는 우석대학에 기증하기로 하였기 때문이다. 대학유치가 순조롭게 진행될 줄 알았으나, 4년이 지나도 감감무소식이다. 그동안 추가로 향교 부동산을 매각하여 양도세를 제하고 70억 원이 재단에 예치 되어있었다. 나는 궁금해서 하루는 시간을 내어 진천군청에 들러 지선호 과장을 찾아 갔다. "영화건설에서 상가와 아파트단지조성에 좋은 곳은 자기들이 차지하고, 경사지고 높은 곳을 대학부지로 내놓아 대학유치가 어려운 것 아니냐?"고 하니, 지 과장은 "걱정 마세요. 왜 그런 말씀을. 대학 들어옵니다." 단호하게 말한다.

2012년 11월 1일 11시경 향교재단 이사장 권영수가 서울이라며 전화가 왔다. "지금 임석구 성균관 부관장과 청주로 가고 있으니, 점심을 같이 하자"며 청주로 나오란다. 조금 있으니 김병천 부관장이 같이 가자고 한다. 나는 향교 전교가 된지 얼마 안 되어 내용을 모르고 있었다. 청주로 가면서 김병천 부관장이 이야기한다. 향교 부동산 매각 예치금을 성균관에서 차용해 달라는데 괜찮을까? 하는 것이

다. 청주 가람식당에서 권영수, 임석구, 김병천, 총무처 신화철과 정 국장등 6명이 점심을 하고 재단사무실로 갔다. 권영수 이사장이 정좌하고 테이블 양측에 나누어 앉았다. 임시회의를 하는 것이다.

이사장 : (임석구 부관장을 가리키며) 용건을 말씀하세요?

임석구 : 성균관에서 정부에 보조금신청을 하려는데, 자부담이 있습니다. 잔고증명을 받아 제출하고 즉시 돌려줄 것입니다.

이사장 : 얼마입니까?

임석구 : 30억 원입니다.

이사장 : 길(길문실) 국장님 관계규정을 검토했습니까?

길문실 : 예! 모든 재산의 처분은 도지사의 허가를 받아야 합니다.

이사장 : 부관장님, 지금은 안 되겠습니다.

임석구 : 당장 필요한데, 그냥 올라가겠습니다.

이사장 : 죄송합니다.

나는 지금도 권영수 이사장에게 고맙게 생각한다. 진천향교의 의견을 묻지 않고 즉석에서 거절하여 돌려보냈으니 말이다. 만약 이때 30억을 주었으면 후회했을지도 모른다.

2013년 4월 8일 오후 3시, 우석대학교 진천캠퍼스 기공식이 거행되었다. 그동안 도로개설과 부지정리를 해서 기공식장은 넓고 잘 정리되어있다. 권영수 이사장과 진천유림들이 대거 참석하였다. 식전행

▲ 우석대캠퍼스 기공식

사가 끝나고 내빈소개와 경과보고 등으로 진행되었다. 유영훈 군수, 이시종 충북지사, 이기용 교육감, 경대수 국회의원도 참석하여 대성황을 이루었다. 2014년 3월 3일 신입생을 모집하고 입학식도 가졌다. 기공식을 가진 후 꼭 1년만인 2014년 4월 8일 대학교 실내체육관에서 준공식을 거행하였다. 수백 명이 참석하고 태권도 시범은 관객들을 감동시켰다. 김병천 유림이 표창장을 받았고, 대학교 이사장과 총장은 진천향교의 성원으로 이곳에 오게 되었다고 감사를 표한다. 이날 참석자 중 특이한 손님은 졸업생 가운데 한사람인 제주도 김재원 국회의원의 축사이다.

이제 대학교가 들어오고 학생도 정상적으로 모집하여 운영되고 있으니, 진천향교 토지 매각대금 70억 원의 문제이다. 이 돈이 충청북도향교재단에 있으니 마음대로 할 수가 없다. 나는 잘못하면 향교 땅만 날리고 말 터이니, 허가 조건대로 부동산을 서둘러 사자고 역설하였다. 왜냐하면 세월이 지금처럼 태평하지 않고 재난이 닥치고 전쟁이 나거나 인플레가 되어 화폐가치가 떨어지면 모든 것이 허사가 된다.

내가 진천향교 전교로 있을 때인 2013년 7월 31일, 나는 충청북도 향교재단에 다음의 부동산을 매수하자고 사업계획서를 만들어 제출하였다.

임야소재지	지번 지목	면적㎡	매수가	용도	비고
진천읍읍내리	329-1외1필	1,659	22억원	유림회관	옛승공회터
진천읍벽암리	190-2외2필	1,201	21억원	임대업	버스터미널 맞은편건물
계		2,860	43억원		

2013년 9월 6일 권영수 이사장과 길문실 사무국장이 현지답사를 왔다. 이들은 나의 안내도 없이 현지를 먼저 들러보고 들어왔다. 당연히 진천향교에 먼저 들르는 것이 예인데, 그러지 아니하였다. 그리고 향교회관 일층 서화실에서 참석자들에게 말한다. 서류가 미비하니 완벽한 서류를 제출하되, 유림 중 한 사람이라도 반대하면 안 된다고 한다. 이 자리에는 수석장의, 향교 감사, 전임 전교 등이 참석

하였다. 나는 개별적으로 들은 이야기와 전후 사정을 알고서는 부동산 매수를 포기하였다.

2016년 11월 1일 진천향교 김용기 전교가 광혜원에 가잔다. 광혜원면 유림들의 주선으로 향교 부동산을 매입하려는데 같이 가보자는 것이다. 당시 나는 향교재단 이사였다. 해당물건은 교통이 편리하고 넓은 면적에 건물이 들어서있어 매입 후 관리만 하면 된다. 여러 채의 건물 중 주 건물(主建物)은 7층이며, 원룸이 40실이 있고 공실도 없다고 한다. 그리고 정태익 향교재단 이사장도 며칠 후 답사하고 갔다.

2016년 12월 15일 11시에 충청북도향교재단이사회가 청주향교 회의실에서 개최되었다. 진천에서는 김용기 전교를 비롯해 남명수, 이택진, 이재원 등이 갔으나, 회의장에는 이택진 장의만이 참석했다. 조금 당황한 것은 슬라이드로 설명하려 했는데, 시설이 없어 유인물을 복사하느라 시간이 촉박했다. 회의는 2015년도 예산결산과 2016년도 예산안을 결의하고 영춘향교의 토지매각을 승인한 후, 진천향교에서 제출한 광혜원면의 부동산 매입 건을 상정하였다. 내가 먼저 대략적인 부동산의 내용을 설명하고, 향교토지매각 허가조건 이행과, 임대료 수입은 금후 진천향교 발전에 큰 도움이 될 것이니, 이사님들이 승인하여 달라고 하였다. 그리고 이택진 장의가 유인물로 자세히 설명하고 회의장을 나갔다.

정태익 이사장은 우리들의 이야기를 듣고 난후 이사들에게 장시간

이야기 하는데, 어쩐지 부정적으로 들렸다. 이후 토론에서는 청주, 괴산, 보은향교 이사들이 40여 개 원룸관리의 문제점을 집중 거론했다. 결국 비밀투표를 한 결과 11:3으로 부결되었다. 나는 진천유림들의 염원을 이끌어 주지 못해 죄송하여, 2017년 2월 20일 충청북도 향교재단 이사직을 사퇴하였다

2018년 2월 21일 화랑관에서 이시종 충북지사와 진천군민과의 대화가 있었다. 나는 어렵게 발언권을 얻어 건의하였다.

"진천향교 부동산 7만 평을 팔아 70억 원이 도 재단에 예치되어 있습니다. 허가조건의 하나인 대학도 들어왔습니다. 그래서 매각대금으로 기본재산 조성을 하려고 그동안 두 번에 걸쳐 시도했으나, 도 재단에서 부결시키고 있습니다. 지사님께서는 적폐청산 차원에서 살펴주시고, 조속한 시일 내에 진천유림의 소원인 부동산을 매입하도록 특단의 조치를 취하여 주시기 바랍니다."

나의 건의에 대하여 답변이 왔는지 아직 알지 못하고, 금년의 대화시간에도 아무 말이 없다.

2018년 8월 1일 김용기 전교가 이임하고, 남명수 전교가 취임하였다. 취임식에서 신임 전교는 제일 먼저 향교재단에 예치된 70억 원으로 부동산을 매입해서 기본재산조성을 하겠다고 굳게 약속했다. 전교는 취임과 동시에 충북도의회와 긴밀한 협조로 2019년 6월 26일 충청북도 향교재단 정관을 개정, 각 향교에 지부를 설치할 수 있

도록 하였다. 그래서 진천향교도 2019년 9월 2일 진천향교 지원 및 육성에 관한 조례안을 지천군의회에서 의결하였다.

남명수 전교는 부동산 처분은 도지사의 허가를 받도록 되어있으나, 부동산 취득은 명확하지 않아 판사·변호사 등 지인을 통해 알아보았다. 그러던 중 진천읍 읍내리 584외 1필지 431㎡의 대지와 이 안에 있는 3층 건물이 18억 원에 팔려고 내놓았다는 정보를 입수했다. 누가 보아도 욕심이 나는 지라, 충북재단에 연락하여 2019년 5월 8일 계약을 하고 매수하였다. 이어서 8월14일 진천읍 교성리 131-2외 1필지 2,057㎡의 잡종지도 18억 원에 매입하였다. 부동산 취득과정을 보면, '선취득 후수습(先取得 後收拾)'이었다. 남명수 전교의 배짱이 아니고는 할 수 없는 일이다. 진천군민의 염원인 대학 유치를 위하여 진천향교 부동산 7만여 평을 매각하고, 11년 만에 기본재산을 조성하게 되었다. 반가운 소식이다. 이제 나의 기우(杞憂)는 깨끗이 사라지게 되었다.

병자년(丙子年) 이야기

나는 병자년(丙子年 : 1936) 쥐띠 해에 태어났다. 반만년의 우리 역사를 살펴봐도 병자년엔 큰 사건 없이 무탈하게 지나왔다. 다만 1536년(이하 연도는 병자년) 청나라 태종이 침범한 병자호란을 겪었고 그로인해 다음해인 정축년엔 인조대왕이 남한산성에 포위되었다가 항복한 삼전도의 치욕을 겪었다. 1696년엔 전국에 흉년이 들어 굶어 죽은 자가 수만 명 이었다 이후 60년이 지난 1756년에는 전국 호구조사(戶口調査)를 하였는데 전체 가구 수 1,771,350호에 인구수 7,318,359명(남자 3,530,534명 여자 3,787,825)이었다. 1876년 미국인 벨이 전화기를 발명하고, 에디슨이 축음기를 발명하였다. 내가 태어나던 해인 1936년에는 베를린 올림픽에서 손기정 선수가 마라톤 종목으로 우승을 하였으나, 일제식민지 시대여서 일장기를 가슴에 달고 시상대에 올랐다. 그리고 1996년 8월 1일엔 41년 7개월 동고동락한 동갑 아내(음력 8월 15일생)가 교통사고로 오남매를 두고 세상을 떠난 서글픈 해이기도하다.

1990년 7월 21일 진천읍 관내 병자생 23명이 친목계를 조직했다. 입회비는 일인당 3만원과 2개월에 2만원씩 납부하기로 하였다. 일반 경비지출 후 잔여금은 목돈저축을 하였다. 회원수를 23명으로 한 것은 부부동반 여행을 할때 관광버스 정원이 45명이므로 한 대의 차량을 채우기 위해서다. 병자생 친목계는 회원 상호간 친목의 의미도 있었지만 6년 후에 맞이할 회갑잔치를 대비하기 위한 목적이 더 컸다. 당시만 해도 자녀들이 부모의 회갑 때 잔치를 베풀어주던 풍습이 잘 이어져 오고 있었다. 그래서 회원들의 회갑에는 부부에게 금반지를 기념으로 선물하였다

나는 공무원 신분이라 1996년 6월 2일(음력 4월 25일) 12시에 음성군 용산리 고궁회관에서 친인척 등 50명을 모시고 간단하게 피로연을 가졌다. 앞에서도 언급했듯이 2개월 후 아내가 사별할 줄 알았으면 좀 더 성대하게 회갑잔치를 했을 텐데 하는 아쉬움이 있다. 회갑 기념선물로 받은 금반지는 1998년 금모으기 운동에 주었는데, 지금 와서 생각하니 후회가 된다.

병자생 친목계 회장은 생일이 가장 빠른 조순희, 부회장은 두 번째 빠른 김창기, 총무에는 류재인으로 선출했다. 매년 부부동반 관광도 하고 회갑연도 각기 잘 치러서 모범적인 운영을 해 왔다. 그런데 나이가 들어가니 잔병이 생기고 입원하는 일도 빈번하여 문병하는 회수가 늘어났다. 급기야 1999년 8월 총무가 병환으로 타계하여 박상준 회원이 총무를 인수했다. 그러나 4년 후인 2003년 12월 2대총

무가 타계함으로써 결국 나에게 후임 총무를 맡아 달라 했다. 수락하니 2004년 1월 1일부터 지금까지 15년이 넘도록 만년 총무를 하고 있다. 회원들도 하나 둘 떠나니, 지금은 8명으로 쪼그라들었다.

초대회장으로 21년 봉사한 조순희 회장이 2011년 1월 상처를 당하더니 본인도 충격을 받았는지 시름시름 앓다가 서울 서대문구 독립문 근처 세란병원에 입원하게 됐다. 그래서 6월 13일 월례회를 하고 오후에 8명이 문병하기로 하였다. 봉고차를 대절하면 20여만 원이 들어 조금이라도 경비를 절약하기 위해 버스를 이용하게 되었다. 서울 남부터미널까지는 잘 갔는데, 3호선 지하철을 타기 위해 무료승차카드발급 받느라 일대 쇼가 벌어졌다. 일행이 나만 바라보고 있는데, 주민등록증과 500원짜리 동전을 내라고 하여 하나하나 해주었다. 출입구에 카드를 잘못 대어 삐 소리가 나고 문이 열리지 않아 한동안 소란이 일어났다. 그뿐인가. 같이 타고 내려야 하는데, 지하철을 타려니 한 사람이 없어 시간이 지체되었다. 마침 이동전화기가 있어 통화를 하니 먼저 떠났다고 하여 다음정거장에서 내리게 하고 같이 가게 되었다

독립문역에서 내려 200미터 거리에 세란병원이 있고 입원실에 가서 침대에 누워 있는 환자를 만나게 되있다. 정신은 밀찡한네 젊어서 황송아지를 탔다는 씨름선수의 좋은 체격이 좀 야위었다. 밥맛이 없다고 했다. 오늘의 월례회와 문병 오게 된 동기, 그리고 환자의 병세 등 이런저런 이야기를 하다가 준비해온 금일봉을 건넸다. 그리고

작별인사를 하고 나와 진천터미널까지 무사히 왔다. 그냥 헤어질 수 없어 선지해장국에 소주 3병을 마셨다. 지하철 탄 이야기를 나누며 한바탕 웃음을 쏟아냈다.

조순희 회장은 끝내 병고를 이기지 못하고 2011년 9월 26일 영영 불귀의 혼이 되고, 육신은 음성군 삼성면 삼정리 야산에 잠들어 있다. 그 후 아들 조경민 · 조경대 형제가 와서 인사하고 점심(명성식당) 대접을 하고 가 우리가 고맙게 생각하고 있다. 지금 남아 있는 동갑나기 8명 중 누가 먼저 가고 누가 끝까지 살아 100수를 누릴지 알 순 없다. 나는 병자생 친목회를 위해서 만년 총무로 봉사할 것이다

제사를 지내다 당황하는 일

유교에서 제사(祭祀)는 중요한 의례라 할 수 있다. 퇴직하고 노년이 되어 확실히 배운 것은 제사예법이다. 사우보존회 총무를 맡고 있을 때, 매년 교재를 만들어 '전통제례 교육을 실시하였다. 그리고 종중의 세일사는 물론 관내 사우의 제사도 매년 참석한다. 또한 안성의 격앙사, 음성의 충룡사, 괴산의 충민사 등 외지의 제향에 참석할 때도 있다. 그런데 제사를 지내다 보면 간혹 당혹스러운 일이 벌어지기도 한다. 진천향교 대성전에는 공자님을 비롯하여 아홉분의 위패가, 동무 서무(東廡 西廡)에는 우리나라 선현 18분의 위패가 모셔져 있어 모두 27분의 성현에게 춘추로 제사를 지내고 있다. 여러 성현을 모시니 복잡하고 시간도 오래 걸린다.

2014년 9월 3일(음력 8월 10일) 추기 석전대제가 있었다. 60여 명의 참사자 들이 정숙하게 제례를 봉행 중이다. 제사가 끝나지도 안았는데 도중에 헌관들이 나가는 것이다. 초헌관과 아헌관이 헌작례를 하고 동시에 나갔으니, 나머지 음복례 망요례 고이성은 어찌하란 말인가? 나는 직일(直日)을 보면서 당황했다. 초헌관과 아헌관을 다시 정할 수는 없었다. 종헌관과 분헌관이 있으니 그대로 진행하였다. 종헌관을 맡았던 노태근 노인회장이 초헌관 대역을 겸하게 했다.

제례가 끝나고 헌관들이 중간에 나간 연유를 알아보니, 마라톤선수들이 진천을 경유하는데, 헌관들이 참석하도록 계획되어 있었다는 것이다. 그렇다면 사정을 말한 뒤 시간을 조정해달라고 사전에 협조를 구하는 게 예의가 아닐까. 한 달 후 10월 10일엔 길상사에서 제향이 있었다. 길상사는 삼국을 통일한 흥무대왕 김유신 장군의 영정을 모신 곳이다. 제례 봉행 중에 종헌관이 별안간 졸도하였다. 신체에 이상이 발생한 것으로 불가항력이다. 제례를 잠시 멈추고 환자를 옮겨 안정시킨 다음 구급차를 불렀다. 이어 제례를 진행해야 했다. 마침 내가 도복을 착용하고 있어 종헌관으로 대역을 해서 무사히 마쳤다. 그사이에 구급차가 왔으나 다행히 환자는 평상의 컨디션으로 완전 회복되었다. 청주 전 국회의원 김현수 님의 이야기이다.

2005년 4월 23일(음력 3월 15일)사양영당 제향 때의 일이다. 사양영당은 문백면 사양리에 있으며 추월재 이공승(1099~1183)선생의 영정을 모신 곳이다. 그런데 하필 이날 백파 조감선생을 모신 백곡면 만뢰사와 중복이 되었다. 할 수 없이 만뢰사는 신응현 사우보존회 회장이 주관하였고, 나는 사양영당으로 가게 되었다. 분방에는 항상 추월재선생의 후손인 한문학자 이두희 교수님이 주관하였다. 분방을 끝내고 헌관과 집사들이 도복을 착용한 채 대기 중이었다.

그런데 제향시간이 다 되어도 아무 기척이 없다. 문중의 책임자들도 왔다 갔다 하며 말이 없다. 눈치를 보니 심각한 표정들이다. 영당 안의 추월재 선생 OO이 없다는 것이다. 다행이 제향에는 차질이 없었다. 이런 일은 제사를 앞두고 사전에 점검을 하지 않았기 때문에 발생한 불상사에 속한다. 제사를 주관하다 보면 다음과 같은 일이 종종 발생하여 당황할 때가 있다. 그나마 방안에서 지내는 기제사는 즉시 준비할 수 있지만, 사당 또는 야외에서 묘제나 기원제 등을 지낼 때 이런 일이 발생하면 난감하기 이를 데 없다.

- 향과 향불 또는 라이터가 준비되어 있지 않았을 때
- 술(제주)이 없거나 잔반이 준비되지 않았을 때
- 홀기·폐백·축문이 없을 때
- 축문에 헌관과 간지를 기재하지 않았을 때
- 음복례시 상(床)이 준비되지 않았을 때
- 묘제(墓祭)시 수저·메·국·숭늉(茶水) 등을 준비하지 않았을 때

엄숙하고 정성을 다하여 성현과 조상을 끝까지 잘 모셔야 하는데, 위와 같은 일이 발생하면 시간이 지체되고 산만해진다. 모든 사달은 부주의에서 발생한다. 제삿날이 가까워지면 제주(祭主)는 사우와 주변청소를 실시하여야 한다. 혼자 감내하기 어려우면 여러 사람에게

분담을 시켜, 제례 중에 돌발 사태가 발생하지 않도록 사전에 점검을 철저히 하고 이것을 생활화할 필요가 있다.

상산(常山)은 나의 고향

나는 충북 진천 행정리에서 태어났다. 내가 어렸을 때 선친께서 '상산에 불이 났다' '상산에 비가 온다.'는 말씀을 자주하셨다. 아홉 살에 상산국민학교(상산초등학교)에 입학하고 1950년 6.25가 나던 해에 졸업하였다. 그래서인지 상산이라는 말만 들어도 다정다감하고 어머니 품속 같은 느낌이 든다. 상산이란 말은 아주 오래전부터 진천을 다르게 부르는 이름이라고 한다. 그러니까 진천의 별호(別號)이다.

지금으로부터 일천년 전 고려 성종(982-997)때 상산은 진주의 별호라고 하였는데, 진수는 진천의 옛 이름이다. 그 이전에도 상산이 진천이라는 역사적 고증이 나오고 있다. 문경시 희양산 봉암사에 신라말기 최치원(857-?)선생이 지었다는 지증대사의 적조탑 비문에 '상산의 혜각은 진주의 김(常山慧覺鎭州金)'이라고 하였다. 즉 혜각스님은 진천에 있는 김씨라 는 말이다. 또 진천에는 상산백(常山伯)의 작위를 받은 분이 두 분이 있다. 고려 혜종(944-945)의 장인인

흥화부원군 임희 장군과, 고려 인종 때 문신 송인(? -1126) 선생이다.

진천군 문백면 구곡리에 상산임씨(진천임씨)의 집성촌이 천년을 이어 오고 있으며, 위패를 모신 장렬사가 있다. 구곡리 앞의 세금천에는 전국에서 유명한 지방유형문화재 농다리가 있다.

진천군 덕산면 두촌리에 송인 선생의 위패를 모신 상산재(常山齋)가 있고, 상산송씨(진천송씨)에서 매년 제향을 올리고 있다.

진천에는 상산초등학교, 상산라이온스, 상산지구대, 상산운수, 상산연립, 상산축구동우회, 상산세라믹 등 상산(常山)이 들어간 이름이 많다. 상산단위농협, 상산축제, 상산고적회 등은 한동안 존재하다가, 이름을 바꿨다. 상산축제는 1979년부터 1998까지 20여 년 이어오다가 김경회 군수(1998-2008)가 부임하면서 '생거진천화랑축제'로 명칭이 바뀌었고, 유영훈 군수가 부임하고는 '생거진천문화축제'로 다시 바뀌었다. 앞으로 다른 군수가 부임하면 축제 이름이 바뀌지 않는다고 장담할 수 없다. 결국 진천의 축제 이름은 정통성을 잃은 것 같아 안타까울 뿐이다.

2012년 9월 진천향토사연구소로 명칭을 바꾼 상산고적회도 같은 맥락이라 할 수 있다. 다행히 매년 발간하는 '常山文化'는 현재까지 이름을 유지하고 있다. 음성군은 매년 설성문화제가 개최되고, 충주는 예성문화, 제천은 내제문화로 불리고 있다. '생거진천문화축제'의 명칭을 또다시 바꾼다면 '상산축제'로 환원하였으면 한다. 상산은 진천의 별칭으로 애용되고 이미지화 하여야 하는데 아쉽기만 하다.

1825년 정재경선생이 진천읍지인 상산지(常山誌)를 발간하였고 그 후에도 1916년과 1932년에 상산지가 발간되었다. 진천상산초등학교는 115년의 역사를 이어가고 있다. 1000년의 긴 세월에 걸쳐 진천의 별칭으로 부르던 '상산'을 모든 군민이 친밀감을 갖고 애용하였으면 한다.

극심한 가뭄이 계속되든 2001년 6월 5일 진천읍 장관리 상산에서 기우제(祈雨祭)를 지낸 일이 있다. 초헌관에 김경회 군수, 아헌관에 정용기 군의회의장, 종헌관에 농민대표 조평희 도의원이 헌작을 하였다. 그리고 유승원경찰서장, 이성희 농협군지부장, 농어촌개발공사 진천지사장등 기관단체장과 많은 주민들이 참석하였다. 기우제 때문인지 다음날 새벽에 흡족한 비는 아니지만 상산지신(常山地神)이 비를 내려주었다. 진천읍 장관리 진천장례식장의 뒷산 7부 능선에 올라가면 화강암의 상산지신단(常山地神 壇)이 있다.

진천은 상산의 정기를 받아 천년을 이어왔고 앞으로 영구히 '상산'의 이름이 보존되기를 바란다. 나의고향은 상산이다.

교제화투

나는 화투에 중독이 된 사람 같다. 중고학생 때부터 지금까지 화투를 하고 있다. 그렇다고 노름꾼으로 재산을 탕진한 것은 절대로 아니고 그냥 좋아한다. 내가 화투를 알게 된 것은 6.25전쟁 중이다. 배고픈 시절 친구들이 만나면 먹을 궁리부터 한다. 한겨울 사랑방에 모이면 화투로 내기를 한다. 먹는 내기이다. 그래서 화투를 알게 되었다. 배고플 때 메밀묵 한 그릇 밤참으로 먹으면 꿀맛이다. 학생이라 돈이 없어 묵 내기는 어쩌다하고 성냥개비를 가지고 '섯다'를 많이 했다. 돈을 걸면 노름이 된다. 담배연기 자욱한 사랑방에서 '짓고땡' 판이 벌어지면 뒷전에서 구경하는 것도 재미있다. 공부는 안하고 매일 사랑방에 다닌다고 아버지에게 야단맞은 기억이 한두 번이 아니다. 나이 들어 생각하니 부모에게 불효한 것이 후회된다.

지금은 사람이 죽으면 장례식장에서 장사를 지내지만, 1980년대 이전에는 상가집에서 조문을 받고, 음식을 대접하며 상여로 모셨다. 이때 상가 집에서는 밤새워 노름판이 벌어진다. 어느 상가(喪家)나마찬가지다. 어떤 분은 부의금을 꾸어다 노름판에서 몽땅 날려 상주에게 피해를 주는 일도 간혹 발생한다.

대학을 다니고 군대에 복무할 때는 화투와 남이 되었다. 공직에 근무하면서도 매일 술타령 하느라 화투할 시간이 없었다. 그러다가 1977년 9월 1일자 단양군청으로 전근되면서 화투장을 만지기 시작하였다. '고스톱' 이라는 게 처음 나왔을 때이다. 휴일이나 퇴근 후 과장들이 모여 시간을 보내는 것이다. 그러니까 '친목을 도모하는 화투'라고 할 수 있다. 장소도 과장들 집에서 점심이나 저녁을 내는 자리이다.

한번은 고스톱을 하는데 K과장이 주머니를 뒤지며 안색이 좋지 않게 보였다. "무얼 찾아"하고 물으니 "지갑이 없어졌어."한다. 방안에 여섯 명이 있는데 누가 일부러 지갑을 감추었다는 눈치이다. 잘 찾아보라고 하며 계속 놀았고 K과장은 안절부절 지갑을 찾았다. 500원짜리 지폐를 방금 꺼내었는데 감쪽같이 없어진 것이다. 때가 되어 밥상이 들어왔다. 벗어놓은 겨울 잠바를 입는 순간 "어 여기 있네."한다. 지갑을 주머니에 넣는다는 것이 소매에 넣고 찾았으니. 그 후 K과장은 '잘 넣어'란 별명이 붙었다.

시장 군수들이 부임하면 인사가는 곳이 있다. 판검사들이다. 한번은 p군수를 모시고 저녁을 대접하는 자리에 참석하게 되었다. 음식을 시켜 놓고 고스톱 판이 시작되었다. 그런데 내가 모시고 간 군수는 운이 좋은지 돈을 많이 따고 있었다. 마침 주안상이 들어와 무심

▲ 교제 화투

코 딴 돈을 주머니에 넣고 식사를 했다. 그런데 다음날 사무과장한테서 전화가 왔다. "뭐 그런 사람이 있느냐?"는 것이다. 군수가 딴 돈을 돌려주든지 아가씨들 팁으로 주면 되는데 교제화투를 몰라서 봉변을 당하였다. 내가 공직을 하면서 교제화투는 간혹 있었다. 주로 신문기자 경찰계통 기무사 그리고 출장 나온 상부기관 직원 등이다. Y군의 수사과장은 고스톱을 좋아해 시간이 있으면 나를 부른다. 내가 출장간 사이 사무실로 전화하고, 없으면 "나 수사과장인데, 진정서가 들어왔으니 산림과장 찾아서 즉시 들어오라고 해."하면, 전화 받은 직원은 진짜인줄 알고 나를 찾는다. 숨넘어가는 소리로 "과장님 큰일 났어요. 경찰서에 진정서가 들어왔대요. 수사과장에게 빨리 가보세요."한다. 교제화투를 하자는 것인데, 전화 받은 직원은 정말로 안다.

내가 중원군청에 근무할 때(1983-1985) 이상범 군수는 실·과·소장들을 관사로 초청해 저녁을 내는 일이 빈번했다. 저녁을 먹고 난 후에는 놀다가라고 화투판을 벌이게 한다. 군수 자신도 화투하면서 친목을 도모한다.

화투에 관한 이야기는 끝이 없다. 우리나라 국민 대부분이 즐기는 오락이다. 나의 친구 하나는 고스톱을 안 하여 화투를 모르는 줄 알았다. 그런데 나이롱뻥으로 내기는 한다고 한다.

1990년대 병자생 친목계 전용의 사랑방이 있었다. 진천읍내 롯데리아 분점 뒤 골목에 이철쇠 회원의 집 헛간을 수리해서 방을 만들어주었다. 보일러를 설치해 겨울에도 따뜻하게 지낼 수 있어 좋은 환경이다. 그러다가 친목계원들이 하나 둘 떠나드니, 2014년 2월 이철쇠가 타계하였다. 동거하던 부인은 손자 봐주러가고 집이 비게 되었다. 부인은 사랑방을 계속 쓰라고 하여 고스톱방으로 전락되었다. 병자생계원은 나뿐이고 서로 아는 분들이다.

사랑방을 사용하나보니 전기세, 전화세, 수도세 등 세금이 나온다. 그래서 비록 점당 100원짜리이지만 1,000원에 100원씩 떼고 있다. 그리고 처음 시작할 때는 먹는 사람이 커피 값을 무조건 2천원 내도록 되어 있다. 매일 오후 3시경부터 5시 전후까지 소일한다. 어느 날은 고스톱 꾼이 없어 공치는 날이 있다.

오래전 이야기다. 평소 알고 있는 경찰서 수사과 직원이 사랑방 근처를 지나가기에 농담으로 "저 집에 큰 노름하고 있어 단속해."했더니, "에이 노인네들 시간 보내느라 100원짜리 놀고 있는 데요."하고 웃는다.

화투를 하면 치매예방이 된다고 하니, 좋은 점도 있는 모양이다.

그러나 내가 매일 고스톱을 하는 것은 건강을 위해 집에서 왕복 1,300보를 걷고, 잠시 휴식 겸 시간을 보낼 수 있기 때문이다.

두려운 산행(山行)

1987년 청주에서 거주(1985-1991)할 때 8월 초순이다. 일요일 아침식사를 하고나니 할 일이 없다. 등산을 좋아해 많은 산을 다녔으나 계룡산을 올라보지 못했다. 오늘은 계룡산에나 가자고 준비를 해서 버스로 출발하였다. 대전을 거처 갑사에 도착하니 10시가 조금 넘었다. 계룡산도면을 보고 연천봉→문필봉→관음봉→삼불봉→상원암→동학사를 목표로 정했다.

그런데 관광객은 물론 등산하는 사람도 별로 없다. 휴가철이고 일요일이라 인파가 많을 것이라 예측한 것이 빗나갔다. 여기까지 왔으니 되돌아갈 순 없고 혼자서 산행을 시작하였다. 그래도 가끔 등산객이 지나가고 활엽수 그늘 아래로 걷다 보니 힘든 줄을 몰랐다. 연천봉고개에서 도면을 보니 연천봉에 오르면 다시 이곳으로 와야 되므로 생략하고, 문필봉으로 올랐다. 문필봉에서 김밥으로 점심을 하고 관음봉까지는 힘든 줄 모르고 갔었다. 시간은 오후 3시가 넘었으나 여름이라 삼불봉을 거쳐 가도 넉넉할 것 같았다.

관음봉에서 삼불봉으로 가려면 자연성릉선을 타야 하는데, 거리가 멀고 지루하고 시간이 지체되었다. 삼불 제1봉을 거처 제2봉을 오르는데 힘이 빠지고 기운이 없다. 잠시 쉬면서 시계를 보니 오후 5시가 넘었다. 또한 혼자서인지 무서운 생각이 나고 빨리 내려가야 되겠다고 생각했다. 도면을 꺼내서 자세히 보니 삼불봉 남쪽 아래에 동학사가 위치하고 있다. 그래서 내려가는 길을 찾으면서 있는 힘을 다하여 제2봉을 넘어 갔다. 마지막 봉우리를 넘어야 하는데 사람이 없고 두려운 생각이 든다. 이때 동학사 방향으로 길이 있어 이곳으로 내려가면 되겠구나하고 급하게 발걸음을 옮겼다.

처음엔 길 같았던 것이 조금 내려오다 보니 없어져 버렸다. 그래서 무작정 산비탈을 미끄러지고 넘어지면서 내려오는데 멀리서 사람소리가 나고 희미하게 텐트가 보인다. 속으로 '이제 되었구나. 저기만 가면 길이 있겠지'하고 안심하였다. 그런데 텐트 옆을 지나는 순간 산발을 한 귀신이 나를 보고 있는 것이 아닌가. 순간 나는 등이 오싹해지면서 앞만 보고 달리기 시작했다. 내려오다 보니 산발머리 귀신들이 한둘이 아니다.

동학사 근처에 와서야 제정신이 들었다. 온몸은 땀에 흠뻑 젖어있고 아직도 심장이 두근거린다. 마침 스님이 지나가기에 '귀신들이 누구냐'고 물어 보았다. "아! 그 사람들이요? 정감록을 믿고 계룡산에 들어와 도를 닦는 기인들이에요" 하며 웃는다. 나는 혼자 산행을 하다가 얼마나 놀랐는지, 가슴이 두근거려 청심환을 사먹고서야 안정을 취했다. 이후로 홀로 등산은 하지 않았다.

음성에 거주(1991-1999)할 때 수정산악회 회원들과 조령산 등산을 했다. 이화령고개에서 출발해 조령산에 올랐다가 조령3관문으로 가는 코스이다. 일행이 10명 이상이라 서로 짝을 지어 도우면서 산행을 하기 때문에 재미있게 출발하였다. 조령산이 해발 1017m이지만, 이화령 고개도 700m쯤 되니 실제는 400m높이이다. 그러나 가을이라 해가 일찍 넘어가 큰 고생을 하였다. 이 코스는 외길이었다. 도중에 하산하는 길이 없다. 해는 넘어가 어두워지고 갈 길은 멀고 3관문이 얼마나 남았는지도 모르고 어둠속을 더듬어갔다. 그래도 낙오자 없이 산행을 마쳤고 수안보에서 목욕과 저녁을 먹나니 하루의 피로가 풀렸다. 산행계획을 세울 때는 계절, 왕복시간, 산행거리 경사도 산높이 회원건강 등을 사전에 알아서 반영하여야 한다.

2008년 9월 2일 충북임우회 가족 87명이 1박2일 제주도 관광을 떠났다. 청주공항에서 출발 제주도에는 8시 45분 도착하였다. 75명은 일반관광을 하고, 나를 포함 12명은 한라산 등산을 하였다. 공항에서 봉고차로 출발해 상판암에는 9시 20분에 도착하였다. 이날 비가 계속 내려 우산을 쓰고 산행을 시작하였다. 진달래 밭까지 7,300m를 쉬지 않고 올라갔다. 김밥을 먹고 12시 20분에 정상을 향하여 출발하였다. 그런데 정상이 가까워 오는지 기온이 떨어져 바람이 불고 추워진다. 오후 2시20분 1950m정상에 올랐으나 세찬 안개비에 백록담이 어딘지 알 수 없고 추워서 머무를 수가 없다. 그래서 사진 한 장 찍고 하산했다. 장정관과 김봉근 회원은 부부동반 하였다.

▲ 한라산 정상에서

나는 1993년경 잉꼬부부회원들과 한라산 진달래밭까지 왔다가 태풍주의보 발령으로 정상을 올라가지 못해 미련(未練)을 가지고 있었다. 그래서 오늘 아니면 기회가 없다고 생각되어 하루 종일 우산을 쓰고 고생을 하였다. 정상에 올랐으나 날씨 때문에 사방을 내려다보지 못한 것이 아쉽기만 하다.

나의 추억

아버지는 김무술(金戊戌)

2018년은 무술년(戊戌年)이다. 1898년도 무술년이다. 나의 아버지가 1898년 2월 21일(음력) 이 세상에 태어나셨으니 무술생 개띠이다. 그리고 호적에는 김무술로 되어 있고, 안동김씨 족보에는 김명원(金命源)으로 등재되어 있다. 나의 작은아버지(叔父) 호적은 김임인(金壬寅)이다.

나는 2018년을 맞이하면서 아버지 생각에 며칠을 두고 잠을 설쳤다. 국운이 기울어진 구한말에 출생하여 아홉 살에 부모님을 여의시고 고아아닌 고아가 되었다, 그래서 일본인들이 호적을 만들 때 아버지는 무술생이라 김무술, 작은아버지는 임인생(壬寅生)이라 김임인으로 하였다. 나라를 빼앗기고 36년간 일제강점기 치하에서 숱한 고생을 치르셨다. 1945년 해방도 잠시 6.25동란으로 온갖 고초를 겪으면서도 우리 가정을 지키셨다. 자식에겐 가난을 물려주지 않으려고 송아지 팔고 누에 길러 대학까지 보냈다. 나도 부모님께 보답하고자 4년간 자취생활, 가정교사로 어렵게 생활하며 대학을 졸업하고 군복무를 마쳤다.

▲ 주변 청소와 묘제 준비

1963년 1월 진천군 농촌지도소에 취직을 했고, 2월에 둘째손자(晃默)도 보았다. 그러나 기쁨도 잠시, 아버지는 6월 22일 한 많은 생을 다 하시고 저승으로 떠나셨다. 나는 효도 한번 못한 불효자이다. 1958년 아버지 회갑 때는 내가 대학생이라 절을 올린 것 이외엔 선물하나 사드리지 못했다. 남들은 환갑 때면 손자손녀들이 많은데 아버지는 한 살 된 손녀(나의 딸)하나 뿐이었다.

2018년은 아버지의 두 번째 맞이하는 121살 회갑년이다. 그래서 생각 끝에 자손들이 모여 간단한 제수를 차려 놓고 묘제(墓祭)를 지

▲ 묘제를 마치고. 29명의 자손 중에 20명이 참석했다.

내기로 하였다. 일자는 4월 6일(음력 2월 21일 생일)로 하여야 하나 화요일이라 4월 1일 일요일로 앞 당겨 결정했다. 나의 자녀와 조카들에게 진천읍 건송리 산94-2번지 할아버지 묘소로 11시까지 모이라고 문자를 보냈다.

4월 1일. 하늘에는 구름이 끼었으나 간혹 햇빛이 나오고, 19℃ 내외의 온화한 날씨이다. 자손들 29명 중 9명이 불참하고 20명이 참석하였다. 나는 분향(焚香), 강신(降神), 첫잔을 올리면서 “아버지 어머니! 자손들이 여기 왔습니다. 아버지 두 번째 회갑 년을 맞아 주과포(酒果脯)를 마련하였으니, 흠향하시고 자손들에게도 복(福)을 누리게 하여 주세요"하고 기도했다. 며느리, 손자, 손녀, 사위 등 모두 잔을 올렸다. 행사가 끝나고 진천읍내 고와식당으로 왔다. 식사하기 전에 나는 자손들에게 아버지 어머니에 대하여 이야기 하였다.

"너희들 할아버지 할머니는 배우지 못하셨으나 이웃을 돕고 곧은 마음으로 근면성실하게 세상을 사신 착한 분이시다. 특히 할머니는 너희들이 세상에 나올 때 받아내고 키우셨다. 할머니는 한글을 해독하시고 이야기책도 읽으셨다. 할머니에 대한 은혜는 잊지 말아야한다." 이어서 나는 혼자 사시는 나의 누님(1933년생)에 대하여도 이야기 했다. "너의 고모는 초등학교 근처도 가지 못하여 한이 많은 분이시다. 모두가 나 때문에 배우지 못하여 나도 괴로울 때가 많았다. 고모는 너희들도 알다시피 항상 반갑게 맞아주고 있지 않느냐? 고향에 오면 생존해 계실 때 찾아뵙고 위로해주어라."

2018년 무술년! 아버지의 두 번째 회갑기념을 이렇게라도 마무리하니, 그동안 서글프고 아팠던 가슴이 조금이나마 위안이 되었다.

개고기와 생계란

나는 개고기를 싫어한다. 불교신자여서도 아니요, 동물애호가여서도 아니다. 물론 개를 사랑해서도, 개고기 맛이 없어서도 아니다. 어쨌든 한여름 보양식으로 "영양탕 먹으러 가자, 보신탕 먹으러 가자."고 하면 언제나 손사래를 친다. 이런 식성 때문일까 나는 바싹 마른 체력으로 수십 년을 살아왔다. 그래서 살찐 사람을 보면 부러울 뿐이다. 또한 뱃가죽이 두텁고 통통한 몸을 갖는 게 평생소원이다.

내가 20대 청년으로 진천군농촌지도소에 근무할 때다. 어느 날 어머니께서 아침상에 개고기국을 가져와 맛있게 먹고 한 대접을 더 달라 해서 배부르게 먹었다. 이날 청주의 농촌진흥원에서 청소년담당자회의(1963년 5월경)에 참석하게 되었다. 오전 10시경 회의가 시작할 무렵부터 배가 살살 아프기 시작하더니 점점 더해 밀려나오는 변을 참을 수가 없었다. 화장실에 몇 번을 들락날락 하면서 간신히 하루를 넘겼고 며칠을 끙끙 앓았다. 그 후로 개고기는 쳐다보기도 싫고, 보신탕이나 영양탕 소리만 들어도 속이 울렁거리며 개고기 거부

반응이 일어났다.

그 당시에는 냉장고가 없었고, 고기를 보관하려면 깊은 우물 안에 담가두거나 차가운 곳에 놓아두는 것이 고작이었다. 내가 먹은 고기는 아버지가 병환으로 누워계실 때 해드리고 남은 것인데, 몹시 상하였던 모양이다.

개고기를 안 먹으니 불편할 때도 많았지만 뜻밖의 이득이 주어지는 때도 있었다. 상산고적회(진천향토사연구회로 2012년 개칭)에서 매년 문화유적지인 길상사, 김유신장군생가터, 정송강사, 숭열사, 농다리 등의 보호를 위한 순찰을 일주일에 한번 하는데, 5명씩 순찰조를 짤 때 개고기조가 있고, 안 먹는 조가 있게 된다. 간혹 내가 편입된 조에서 개고기를 먹게 되면 나에게는 특식으로 삼계탕을 해주는데, 삼계탕이 보신탕보다 더 비싸 팀원들의 밉상이 되기도 하였다. 그리고 어느 모임이나 친목계에서 보신탕을 하게 되면, 틀림없이 나 김영만은 삼계탕으로 지정되어 있다

1990년 무렵 이월 풍년식당의 개고기가 제법 이름나 있었다. 도청에서 직원들이 출장을 오게 되면, 으레 그곳으로 갈 줄 알고 푸짐하게 접대하는 곳이다. 또한 당시 홍건표 진천군 부군수께서 즐겨 찾던 식당이다. 그분은 도청에서 보신 적이 있어 항상 존경하고 특별한 관계라, 간혹 풍년식당에 가자고 하면 안 갈 수도 없다. 할 수 없이 따라 가면, 김이 무럭무럭 나는 수육을 대소쿠리에 가득 담아 온다. 내가 쳐다보기만 하고 먹지 않으니, 부군수는 나에게 먹으라고

한다. 할 수 없이 눈 딱 감고, 부드러운 껍질을 젓갈로 집어 초고추장에 듬뿍 찍어 무슨 맛인지 느낄 새도 없이 입에 넣고 삼켰다. 지금도 간혹 수육이 나오면 몇 점은 먹으나 탕은 아예 쳐다보지도 않는다.

6.25전쟁이 한참이던 1951년 겨울, 마을에서 기르던 개가 순찰 중이던 무장군인에게 겁도 없이 짖으며 덤비다가 총에 맞아 죽었다. 이 개를 어른들이 가져다가 가마솥에 우거지김치를 넣고 끓여 남녀노소 동리사람이 다 먹게 되었다. 나도 한 대접을 받았는데, 멀건 국물에 개고기 한 점과 이파리 김치 두어 쪽이 들어 있었다. 그런데 이 맛은 천하일미(天下一味)였던지라, 지금도 그때 먹었던 개고기국을 생각하면 입에 침이 고인다. 그때 그 맛의 개고기를 지금 다시 먹을 수는 없을까?

그런가 하면 내가 안 먹는 것이 또 하나 있다. 생계란이다. 익은 것은 먹는데, 생계란은 생각만 해도 거부반응이 있다. 그래서 지금도 음식점에서 비빔밥이나 볶음밥 위에 덜 익은 부침계란을 올려 오면 다른 사람에게 주든가 완숙해 오라고 한다. 남들은 영양가 많고 맛좋은 음식을 안 먹는다고 흉을 보아도 할 수 없다.

내가 고등학교 2학년 때인 1954년도 이야기다. 당시만 해도 모든 산이 황폐되어 봄이면 나무를 심었다 묘목을 심기 위하여 집집마다 한명씩 나가야 하는데, 농사철이라 바쁜 시기였다. 마침 그날이 일요일이라 어머님이 도시락을 주면서 나에게 나무를 심으러 가란다. 학생복에 괭이와 도시락을 챙겨 들고 나오다가, 암탉이 둥지에서 알을 낳았는지 꼬꼬댁 하고 우는 것을 보았다. 그때 음~ 계란을 가져가서 점심때 먹으면 좋겠다고 여겨, 둥지에 손을 넣어 하나를 꺼내 주머니에 넣고 갔다. 나무 심는 곳은 백곡저수지 부근이고, 많은 사람이 동원되어 각자 분담구역에 가서 묘목을 열심히 심었다 수종은 임산연료 조성을 한다고 리기다소나무, 아카시아, 산오리나무 등 나쁜 토양조건에서도 잘 자라는 나무들이다.

오전 일을 마치고 점심때가 되었다. 같은 또래 10여 명이 호수 가에 자리를 잡고 각자 가져온 도시락을 꺼내 식사를 했다. 배고픈 시절이고 한참 크는 나이라, 밥맛은 꿀맛이다. 도시락을 다 비울 무렵, 언뜻 계란 생각이 났다. 집에서 가지고 온 계란을 꺼내려고 주머니에 손을 넣는 순간이다. 깨진 달걀이 주머니를 적셔, 손에 끈적거리는 느낌이 왔다. 주머니에서 손을 꺼내는 순간 나는 기절할 뻔했다. 앗! 썩은 계란이다. 지독한 냄새는 오장육부를 자극시켜 요동치기 시작한다. 누가 볼까봐 얼른 일어나 물가로 가서 주머니를 씻다가, 방금 먹은 음식을 몽땅 도하였다

내가 둥지에서 꺼내온 계란은 방금 낳은 것이 아니라, 밑알로 넣어둔 것을 가져온 것이다 세심하게 확인하고 가져왔어야 하는데, 미처 밑알을 생각하지 못했다. 이 일이 있은 후 나는 생달걀을 먹지 않고 있다, 간혹 뷔페식당에 갔을 때 육회를 좋아해 맛있게 먹으면서도, 혹여 여기에 생달걀이 들어가지나 않았나? 하고 의심하지만

계속 먹고 있다.

우유를 마시면서

나는 우유를 40여 년간 마시고 있다. 요즘도 계속 마신다. 새벽 5시경에 일어나면 제일 먼저 우유를 챙긴다. 컵에 우유를 채우고 전자레인지에 따끈하게 데운다. 우유를 데우는 사이 화장실에 다녀오고 새벽운동을 가기위한 준비를 마친다. 우유팩 1,000mg을 4일간 나누어 마시니 매일 250mg씩이다.

1976년 2월 9일 위암수술을 하고 치료할 때 담당의사(서울대 김진복 박사)가 말한다. "음식은 입안에 넣고 30번 이상 오래 씹고 조금씩 자주 먹어야 한다. 그리고 된장, 콩, 우유 등은 암 예방에 좋으니 많이 먹을수록 좋다." 나는 담당의사의 말씀을 귀담아 듣고 생활신조로 삼아 지금까지 실천하고 있다. 밥에는 언제나 콩이 들어있다. 강낭콩 서리태 검은콩 동부 완두콩 울다리콩 은행콩 등 다양하다. 이중에서 가장 많이 먹는 콩은 강낭콩이다. 해마다 조금씩 심지만 내가 강낭콩을 좋아한다는 것을 누님이 알고, 많이 심어서 주고 있기 때문이다. 냉동실에는 언제나 여러 종류의 생콩이 들어 있다.

우유를 사오는 것은 아내가 하고 있다. 시장에서 판매되는 우유는 다양하다. 서울우유, 연세우유, 건국우유, 매일우유, 파스티르우유 등이다. 그런데 아내가 우유를 사올 때 이것저것 사와 마시면 간혹 설사가 날 때가 있다. 그래서 아들 3형제가 서울대학 졸업 했으니 기왕이면 서울우유를 사오라고 하였다. 냉장고에는 언제나 서울우유가 있다. 나는 가끔 친구들에게 이야기한다. "축협에서는 나를 표창해야 한다. 내가 일 년에 우유 90ℓ을 소비하고 있으니 낙농가(酪農家)에게 도움이 되고 있지 않아" 하면서 농담도 한다.

우유에는 여러 가지 영양분이 들어 있어 좋다는 것은 누구나 알고 있다. 모유와 같다고 해도 될 것이다. 그래서 몸이 약한 나는 우유를 매일 마시고 있다. 그런데 우유를 먹고 싶지 않을 때가 있다. 우유소를 사육하는 축사가 청결해야 하는데 아주 지저분한 곳을 볼 때가 있다. 그러면 영 기분이 좋지 않다. 궁둥이에는 소똥이 너덜너덜 붙어 있고 소젖에도 배설물이 묻어 보기만 해도 구역질이 난다. 이런 날은 우유를 마실 마음이 없다. 마셔도 탈이 난다. 안보면 약이고 보면 병이다.

나는 한동안 멸치를 먹었다. 아마 수백 킬로그램은 될 것이다. 멸치의 머리를 떼어내고 내장을 제거한다. 멸치 똥은 매우 써서 먹기가 곤란하다. 이런 몸통만 있는 멸치를 그냥 먹어도 되지만 전자레인지에 살짝 익히면 아삭 아삭해서 먹기가 좋다. 그러나 실치나 아주 작은 멸치는 통째로도 먹을 만하다. 나이가 드니 치아가 좋지 않아 지금은 이따금 먹을 뿐이다. 멸치에는 칼슘이 많아 골다공증에 좋다고 한다. 그래서 나의 아내도 멸치를 무척 좋아한다.

좋아하는 음식중애 미역귀가 있다. 미역귀는 입에 넣고 씹으면 처음에는 짭짜름하고 더 씹으면 달콤하다. 미끈하면서도 부드럽고 씹는 맛도 일품이다. 미역귀는 울산의 처남(임태규)댁에서 가져오고 있다. 울산 인근의 기장미역도 가져 온다. 미역국은 어려서부터 지금까지 즐겨 먹는 메뉴이다. 나의 머리맡에는 언제나 먹을 수 있는 멸치, 미역귀, 육포, 잣 등 간식거리가 있다. 그래서 수시로 생각나면 먹는다.

나는 위를 2/3이상 제거하고 소장을 40㎝가량 잘라 냈다. 쓸개도 염증이 생겨 제거하여 소화기 계통이 아주 약하다. 그래서 기름진 것을 먹으면 소화를 못하고 설사를 한다. 그러나 잣나무에서 수확한 잣은 맛도 좋고 부드럽고 영양분이 많아 연중 즐겨 먹는다. 한 번에 한 수저 정도이다. 경기도 가평 잣과 강원도 평창 잣은 품질도 좋고 즐겨 먹을 만하다. 요즘은 중국 북경에서 막내며느리가 잣을 보내와 먹고 있다.

누구나 나이 들면 제일 부러운 것이 건강이다. 90이 넘었어도 건강한 몸으로 사회활동을 하고 계신 분을 볼 때면 부럽기 그지없다. KBS 전국노래자랑의 사회를 보시는 송해 어른은 93세(1927년생)라는데 술도 잘하시고 젊은이 못지않게 건강한 몸으로 활동하고 계신다. 연세대학교 김형석 명예교수는 100세(1920년생)인데도 젊은이와 같은 체력으로 전국을 다니면서 강연을 계속하고 계신다니 부럽기만 하다. 김 교수님이 조선일보 매주 토요일에 게재하는 '100세 일기'는 내가 즐겨 읽는 기사가 되었다.

나는 신체적 조건은 기형이지만 나름대로 건강관리를 하고 있다. 1977년부터 새벽등산은 현재까지 계속하고 있으며, 매일 재건체조, 일기쓰기, 신문보기, 컴퓨터보기, 스마트폰으로 카톡 교환, 자동차 운전 등이다. 매일 규칙적인 생활을 하고 있다고 할 수 있다, 모든 음식은 오래 씹을 것, 적게 먹을 것, 따뜻하게 데워 먹을 것, 연한 것을 먹을 것 등이 나의 음식생활 신조이다.

우유를 마시면서 생각한다. 내가 생을 마감할 때까지 먹는 것은 우유일 것이다. 왜냐고요? 마시면 되니까.

신의 가호(加護)인가? 기적(奇蹟)인가?

나는 맏이인 딸(金善玉:1957년생) 하나와, 아들 4형제를 두었다. 농촌지도소(농업기술센타)에 근무할 때의 일이다. 퇴근해서 집에 오니 다섯 살 된 큰아들이 5m정도의 공동우물에 빠져 큰일날 뻔했다고 하여 우물을 메워버렸다. 1970년 3월초 셋째(金政默:1964년생)가 이웃 애들과 불장난하다 집을 모두 태웠고, 보은군 내북면의 천연스레트로 새 집을 짓느라 고생을 했다. 막내(金哲默:1967년생)와 딸은 지금까지 부모에게 충격을 준 일이 전혀 없고 저희들이 알아서 공부하고 결혼해서 잘살고 있어, 항상 고맙게 생각하고 있다.

둘째와 셋째는 21개월 차이지만 연년생이다. 1966년의 일로 기억된다. 퇴근해서 집에 오니, 셋째가 나에게 말한다. "아빠, 엉아 쥐약 먹었어!" 고구마에 쥐약을 발라 놓은 것을 배고파서 주워 먹었다는 것이다. 다행히 무사했다. 한 번은 둘째가 얼굴이 벌개서 자고 있는데 아무리 흔들어 깨워도 일어나지 못한다. 알고 보니 뒷방에 담가 놓은 술 단지에서 술지게미를 먹고 취해서 인사불성이 된 것이다.

내가 자전거를 타고 밭에 가려고 하는데, 세 살배기 둘째가 태워 달란다. 뒷좌석에 앉히고 나의 허리를 꼭 잡으라고 했다. '응' 하기에 내가 출발하려고 페달을 밟는 순간, 어린 것이 그만 바닥으로 떨어져 한동안 숨을 쉬지 못하고 있다. 주무르고 안아주고 한참 뒤에야 울기 시작한다. 얼마나 놀랐는지, 지금도 그때 생각만하면 가슴이 뛴다.

둘째아들(金晃默:1963년생)은 매우 영리하고 공부를 잘 했다. 1970년 전후 고향에도 전기가 들어와 우리 집에 TV를 놓았다. 이웃 사람들이 저녁을 일찍 먹고 TV를 보러 왔다. 둘째가 말은 못하고 눈물을 흘리며 울고 있다. 어머니가 울고 있는 손자를 보고 '왜 우느냐?'고 하니, TV를 가리키며 공부를 못하겠다는 것이다. 눈치를 챈 어머니는 TV를 보러온 손님들을 보며, "모두들 나가! 다른 집에 가서 봐! 우리 손자 공부하게" 하며 야박하게 쫓아버렸다. 공부는 제가 알아서 해야지, 남이 시켜서는 안 된다고 나는 믿는다.

큰아들(金寬默:1960년생)도 성적이 좋지만, 둘째도 진천중학교 우등생으로 졸업하고 청주고등학교 입학시험에 합격하였다. 이후 청주고등학교는 평준화 되어 시험을 보지 않고 추첨으로 들어갔다. 고등학교 3년 과정도 열심히 배우고 익혀 우등생이 되고, 대학입학 수능시험도 311점을 받았다. 첫째에 이어 둘째도 무난히 서울대학교 사회계열 81학번으로 입학하였다.

그런데 대학생이 된 후에 문제가 발생하기 시작하였다. 원인은 고등학교에선 이과(理科)를 수료했는데, 사회계열의 과목에 흥미를 못 느낀 것 같고, 당시 신군부 출현으로 반정부 데모가 끊이지 않아 학업을 소홀히 한 것 같았다. 1학기 성적표를 보고 나는 무척 속이 상했다. 기숙사에서 열심히 공부하는 줄 알았는데, 공부를 한 학생이 아니었다. 그래서 추석 때 내려온 아들에게 귀에 거슬리는 말을 했다. 아들은 현 정부를 비판하고 공부해야 무엇 하느냐 고 하기에 "호랑이를 잡으려면 호랑이 굴에 들어가야 하는 것이다. 정부가 잘못하는 것이 있으면, 열심히 공부해 정부에 들어가서 네가 개혁을 하거라."고 이야기를 했다

내가 단양군청에 근무하고 있을 때인 1981년 9월 20일. 깊은 잠이 들었는데 한밤중에 전화벨이 울린다. 받아보니 둘째가 기숙사 4층에서 투신하였다는 것이다. 불을 켜고 시간을 보니, 밤 10시 35분이다. 아내도 옆에서 듣고 깜짝 놀라며 일어났다. 둘이는 한동안 말도 못하고 멍하니 있었다. 나는 아내에게 말했다. "일을 당하였으니 마음 굳게 먹어." 그리고 아들에게 갈 채비를 하였다. 단양역에 문의하니, 0시 35분 청량리행이 있다고 한다. 우리는 서울로 가는 동안 한자리에 있으면서도 말 한마디 못하고 눈만 감고 갔다. 나는 아내에게 말했다. "죽었으면 시신을 서울대학병원에 주고 올 거야."기막힌 현실 앞에 더 이상 말을 이어갈 수 없었다.

청량리역에는 새벽 5시에 도착하였다. 택시로 서울대학 응급실로

갔다. 이게 어찌된 일인가? 4층에서 투신하였다는 아들이 제 애비 어미를 보더니, 벌떡 일어나는 것이다. 나는 순간 "오 하나님, 감사합니다. 아버지 어머니, 감사합니다."라고 외쳤다. 눈물이 앞을 가렸다. 죽었다고 생각했는데, 살아있으니 꿈만 같았다. 정신을 가다듬고 진정한 후에 아들의 손을 잡고 "왜 일을 저질렀어?" "다친 데가 어디야?" 물었으나 대답이 없다. 아들은 아직도 술이 취했는지 술 냄새가 코를 찌른다. 한 시간쯤 지난 후에 신문기자가 온다는 기별이 왔다. 아들은 사방을 둘러보더니 밖으로 뛰쳐나와 잔디밭으로 갔다. 놀라운 소식을 듣고 여러 사람이 달려왔다. 잔디밭에 환자를 두고 퇴원수속을 마친 뒤 11시에 병원을 나왔다.

오후에 신림동의 서울대학교 기숙사 4층에 들렀다. 퇴사할 짐을 챙겨 놓고 밖을 내다보았다. 4층에서 내려다보니 가물가물 화단(花壇)이 보였다. 화단 앞은 콘크리트 포장이다. 나는 화단으로 내려와 떨어진 곳을 보았다. 큰 회양나무 가지가 한쪽으로 으스러지고, 나뭇가지를 치우니 흙구덩이가 조금 보인다. 나는 생각했다. 투신할 때 회양목 가지와 부드러운 흙이 완충 역할을 해주어 생명에 지장이 없었다는 걸 알 수 있었다. 그리고 30㎝ 화단 밖의 콘크리트 포장을 보니 정신이 아찔했다. 이튿날 휴학계를 제출하고 짐을 꾸려 단양으로 내려왔다.

일년 휴학하고 다시 복학하였다. 정치학과를 지망하였다기에, 은근히 걱정이 되었다. 부모의 마음은 자식들이 고시에 합격하여 국가공무원이 되기를 원하고 있다. 그러나 친구들과 어울려 술을 마시고 데모에 가담한다는 소문이 들린다.

1983년 5월 1일자로 단양군에서 중원군청(충주시청)으로 전출되고 얼마 되지 않았을 때다. 5월 7일 퇴근하여 저녁을 먹고 쉬려고 하는데, 서울에서 전화가 왔다. 술을 먹은 아들을 신림동 모처에서 보호하고 있으니, 부모가 데려가라는 것이다. 어디 경찰서 같은 느낌이다. 시간이 촉박하므로 택시를 5만원에 대절하여 밤 10시에 출발하였다. 두 번째 놀란 가슴을 부여잡고 가는 중이다. 관악구 신림동 9동 막사에는 다음날 새벽 1시에 도착하였다. 나의 처남(이종우)이 미리 알고 먼저와 있다. 자고 있는 아들은 아직도 술이 안 깨어 인사불성이고, 온 방안에선 술 냄새가 진동했다. 경찰이 나와 인사하니 친절하게 대해준다. 아들을 깨우니 정신이 들었는지 일어난다. 내가 "여기 왜 왔느냐"고 하니, 모른다고 하며 횡설수설한다. 그리고 잘못했다고 순경에게 빈다. 순경은 아들에게 정중하게 타이른다. '앞으로 국가와 민족 그리고 부모를 위해 오직 공부를 하라'는 것이다. 나는 아들을 데리고 나오면서 여러 가지를 생각했다. 지난번 4층에서 투신할 때도 술을 마셨고, 이번에도 술을 마신 것이 원인이다. 술이 취하면 정신을 잃고 일을 저지른다. 그리고 술이 깨고 본정신이 들어도, 취중에 한 일을 전혀 기억하지 못한다. 원인은 술이다.

이후 졸업을 하고 결혼해서 가정도 가졌다. 정치와 상관없는 곳에 취직도 했다. 본인도 알았는지, 이제 술도 완전히 끊었다. 아버지의 마음은 한결 가벼워졌다. 나는 이 글을 쓰면서 '어려서 자전거를 태우다 뒤로 떨어질 때 뇌진탕으로 뇌에 이상이 있었던 같다' 고 자책을 했다. 아무튼 둘째아들은 이야기 거리가 많다.

소설 같은 외가댁 이야기

나의 외할아버지 유인양(柳寅陽)은 1879년에 출생하셨다. 진천에 거주하는 문화유씨 지후사공파 종손(宗孫:큰집)이다. 외할머니(外祖母 경주이씨)는 1880년에 출생하셨고, 1912년 33세의 젊은 나이에 세상을 하직하셨다. 아들 없이 딸만 둘 낳고 외할머니가 돌아가시니 외할아버지는 딸들을 출가시킨 뒤 아들하나 더 볼 생각에 밤잠을 설쳤다고 한다. (나의 어머니께 얼핏 전해 들었다.)

세월은 흘러 딸들이 성장하여 큰딸 유유순(柳遺順)은 안동김씨 김명원(金命源)에게로 시집보내고, 작은딸은 양씨집안으로 시집보냈다. 큰 공주는 2남1녀를 두었는데, 나의 어머니시다. 위로는 김영례(1933년생) 누님이, 아래로 김영일(1947년생) 동생이 있었다, 동생은 해병대로 월남 참전 시 고엽제 후유증으로 남매를 두고 일찍 세상을 떠났다.

양씨집안으로 시집간 작은딸 나의 이모님은, 나의 작은어머니의 친정 올케가 되었다. 그러니까 숙모와 이모님은 시누올케지간이다.

그런데 문제가 발생하였다. 어느 날 갑자기 이모님이 아들 하나를 두고 행방불명이 되었다. 대체 어디로 갔는지 이모님 소식을 알 길이 없었다. 상심한 외할아버지까지 세상을 등졌는지, 새 아내를 얻었는지, 행방이 묘연하다. 몇 년이 지나고 외할아버지의 소식이 왔다. 새 부인을 얻어 아들딸 낳고 잘살고 계시다는 소식이 아니고, 경기도 여주 벽절 근처에서 집도 없이 노숙하고 병마에 시달리고 계신다는 서글픈 전갈이다.

1943년 대동아전쟁(2차 세계대전)이 열을 올릴 때, 외할아버지를 우리 집 사랑방으로 모셔왔다. 내가 일곱 살 때이다. 추운겨울 밖에서 썰매타고 놀다 들어오면, 외할아버지께서 따뜻한 손으로 나의 언 손을 잡아주시던 기억이 난다. 딸과 사위가 정성들여 모시니 잠시나마 마음 편히 지내셨다. 그러나 일 년 후 8.15광복을 앞두고 영면하셨다. 진천읍 행정리 양지바른 곳에 계신 외할머니 곁으로 모셨다. 외할아버지가 아들 없이 한 많은 생애를 마침에 따라, 문화유씨 지후사공파 종손은 대를 잇지 못하고 절손이 되었다.

나의 어머니는 "양자라도 들여서 친정의 대를 잇게 해 달라"고 아버지에게 간청하는 것을 여러 번 목격했다. 그러나 아버지는 역정을 내면서 "논밭이라도 주어야하는데, 어디 줄게 있어"하고 일언지하에 거절하셨다. 그러면 한바탕 고성이 오고가고 온 집안이 살얼음판이 된다. 외가에는 팔촌이내가 없다.

이모가 행방불명 된지 20여 년 만에 희미한 소식이 들리기 시작했다. 1950년 6.25전쟁으로 대구 근처까지 밀렸다가 인천상륙으로 38선을 넘어 압록강까지 진격하여 통일을 눈앞에 둘 무렵, 중공군의 개입으로 서울을 빼앗기고 수많은 피난민들이 남쪽으로 내려왔다. 1951년 1.4 후퇴라고 한다. 이때 내려온 피난민들은 수복될 때까지 1~2년간 진천 전역에 머물러 있었다.

나의 고모님 손자 유재명(1930년생)이 덕산면에 피난 온 처녀와 결혼하게 되었다. 경기도 남양주시 화도면 답내리가 고향이며, 이가봉의 따님 이주순(李周淳:1933년생)으로 전주 이씨 왕손의 규수이다. 일 년이 지난 후 우리 동리로 시집온 새댁이 우리 어머니를 보고 남편에게 이야기를 했다. 덕산면에 피난 왔을 때 한 동리에서 같이 온 아주머니가 봉화산과 문안산 쪽을 가리키며 "저기가 내 고향인데" 하더라는 것이다. 그러면서 우리 어머니와 모습이 비슷하다는 것이다.

이런 이야기를 들은 어머니는 궁금해서 속이 탈지경이다. 유재명은 당시 강원도에서 군 생활을 하고 있어 휴가를 자주 나왔었다. 그리고 휴가 나온 군인에게 이번에 처가에 들르면, 이모의 나이, 아버지 이름, 아들 이름 등을 적은 메모지를 주고, 한번 확인해보라고 했다. 간절히 비리던 대로 이모님으로 판명이 났다. 어머니는 1906년생이요 이모는 1909년생이다. 확인은 되었으나 천리 타향이니, 쉽게 만날 수가 없었다.

1955년 12월 하순으로 기억이 난다. 내가 고등학교 3학년을 마친

▲ 어머니 회갑 가족사진

겨울 방학 기간이다. 유재명을 따라서 어머님을 모시고 다녀오기로 하였다. 새벽밥을 해먹고 진천읍내로 와서 06시 서울 가는 버스에 승차했다. 이 시절엔 자갈이 깔린 비포장도로였고 대부분 완행버스였다. 정원도 없고, 손을 들면 아무데서나 손님을 태운다. 여차장이 "오라이" "스톱"해야, 떠나고 서던 시절이다. 도중에 바퀴가 펑크라도 나면 예비타이어로 바꾸어야 하는데 시간도 많이 걸린다. 새벽에 떠난 버스가 용산터미널(당시 용산에 있었음)에 12시에 도착했다. 다시 기차로 화도면 마석까지 가서, 오리쯤 걸어 이모네 집에 당도하니 해가 넘어갈 무렵이었다.

▲ 오른쪽이 어머니 왼쪽은 이모님

20여년 만에 자매인 어머니와 이모가 상봉하셨다. 처음에는 서로 바라만 보더니, 천천히 다가가 양손을 잡고 한동안 말이 없다. 울고, 껴안고, 몸부림치는 장면이 펼쳐질 줄 알았는데, 그렇지 않았다. 어머니는 잊었던 동생을 찾았고, 이모는 낯선 타향에서 언니를 만났으니 친척이 있다는 게 증명되었다. 두 분은 밤새도록 지난 이야기를 했을 것이다. 나는 이모와 이모부를 만났고, 이종사촌 동생 손수희(1940년생), 손대희(1944년생), 손대순(1952년생)을 만나게 되었다.

이모님을 진천으로 모셔야 하는데, 나의 숙모님이 걸렸다. 숙모님의 친정 올케로 시집왔다가 아들하나 남겨두고 떠나갔으니, 오시지를 않는다. 두고 간 아들은 6.25때 의용군을 가서 영영 소식이 없다.

1966년 6월 15일(음력)은 어머니의 회갑일이다. 그러나 삼복더위가 기승을 부리는 여름철이라 부득이 벚꽃이 만발하는 4월 15일로 당겨서 회갑연을 준비하였다. 아버지가 계시지 않으니, 어머니 혼자 쓸쓸할 것 같아 이모님을 모시기로 했다. 이모님에게 우선 편지를 띠우고, 회갑 전전날 이모님을 찾아갔다. 처음에는 완강히 거절하신다. 그러나 막무가내로 애원하고, 이모님이 안가시면 나도 안 간다고 했다. 결국 승낙을 받고 이튿날 진천으로 모셔왔다.

어머니는 동생을 10년 만에 재회하시고, 형제가 나란히 앉아 자손들의 절을 받고 복주를 드셨다. 물론 친척이나 인척들이 예를 올릴 땐 이모님은 슬쩍 자리를 피하셨다. 잔치가 끝난 다음날 이모님을 외할아버지 산소로 안내했다. 이모님은 술잔을 드리고 네 번 절한 다음 하염없이 눈물을 흘리시고 오열하셨다. 불효를 용서해 달라고 빌었을 것이다. 초라한 산소를 보시고 몇 년 후 오셔서 사초도 하셨다.

내가 중원군청(충주시청)에 근무할 때, 1972년 8월 19일 남한강 일대에 큰 홍수로 많은 사람이 죽고 수천의 가옥이 침수 유실되는 재난을 당하였다. 나는 엄정면을 담당하여 수해복구에 여념이 없을 때다. 1972년 9월 4일(음력 7월 27일)어머니가 운명하셨다는 비보를 받았다. 지금은 장례예식장에서 장례를 치르는 게 일반화되었으나 그 당시엔 집에서 상여로 모시었다. 그런데 중상일(重喪日)이 끼여 4일장을 하라고 한다. 그러나 거절하고 3일장으로 어머님을 모셨다. 삼우제(三虞祭)를 지내고 집에 오자마자, 오후부터 며칠간 비가 계속 와서 모두들 내가 잘했다고 칭찬을 받았다.

나이가 들고 철이 나는지, 어머니가 보고 싶다. 그럴 땐 남양주의 이모님이 생각이 난다. 어머니와 모습도 같고, 정이 들어 잊을 수가 없다. 그래서 기회있을 때마다 간혹 이모님을 찾아뵙곤 하였다. 한 번은 춘천을 가다가 이모님 생각이 나서 차를 길가에 세워놓고 이모댁에 들렀다. 마침 일하러 가셨다기에 500m 거리의 밭에 가서 인사를 드렸다. 하얀 수건을 머리에 쓰고 밭을 매고 계셨다. 80대의 이모님을 뵐 때마다 나의 어머님 품에 안기는 느낌이다.

1996년 3월 13일(음력 1월 24일) 이모님이 돌아가셨다는 비보가 날아왔다. 향년 88세였다. 어머니는 67세에 가셨으니, 어머니보다 21년을 더 사셨다. 나는 비보를 받자마자, 연가를 내고 이모님 댁으로 달려갔다. 마지막 모습이라도 보려고 했는데, 염습을 이미 끝낸 뒤여서 영영 이모님을 볼 수가 없었다. 혈육이라고 나에게도 두건과 행건을 주어 착용을 했다. 장례를 모시고 왔어야 하나, 공직에 있어 부득이 하루 밤 자고 떠나와 죄송할 따름이다.

이모님이 떠나시니 외가의 혈육은 아무도 없다. 외할머니와 합장한 외할아버지 묘는 아버지가 생전에 금초를 하고 관리하셨다. 그 후로는 나의 몫이 되었다. 한때는 초라한 묘를 석물로 치장하여 외손봉사를 하려고도 했지만, 해마다 한 번씩 하는 벌초도 버거운 일이 되고 있다. 어느 해는 깜박 잊고 벌초를 못했다. 낙엽이 떨어지는 10월에 아내(임복자)가 외할아버지 묘의 벌초를 이야기해 같이 가서 벌초를 하고 성묘를 했다. 나도 80대의 고령이 되고 보니, 외할아버지 묘가 걱정이 된다.

아! 이를 어쩌나? 유인양(柳寅陽) 외할아버지 묘를?

은행의 달인, 은행의 기네스북

은행나무는 일억년 이상 살아있는 화석나무로 침엽수이며 암수나무가 따로 있다. 사람에 의해서 종이 유지되고 번식되고 있다. 은행나무는 재질(材質)이 좋아 쓸모가 많다. 은행 알은 식용으로, 은행잎은 혈액순환제의 약제 원료가 되기도 한다. 1990년대 까지만 해도 은행은 사람들에게 인기가 많았다. 그땐 나무에서 떨어지기가 무섭게 너도나도 주워 갔는데 요즈음은 주워 가는 사람이 드물다.

진천읍 행정리 취적마을은 나의 고향이다. 부모님이 물려준 농토가 있고, 친척이 살고 있어 자주 들르고 있다. 그리고 나는 이곳 취적노인회 회원이기도하다.

1999년 11월 2일 구름 한점 없는 늦가을 오후에 볼 일을 보고 누님 댁에 들러 오다가 마을 사람들과 이런저런 인사를 하던 중이다. 그때 개울가의 은행나무에 주렁주렁 매달린 노란 은행을 보게 되었다. '아! 은행 참 탐스럽게 달렸네.'라고 혼잣말을 했는데, 옆에서 듣고 있던 류옥현 이장이 나보고 나무에 달린 그 은행을 사란다. 나는 엉겁결에 얼마냐고 물었다. "이 나무는 마을에서 관리해요. 지난해에는 10만 원을 받았는데, 형님은 5만 원만 내시오. 그리고 나무에 달린 은행을 털어줄 게요"한다. 나는 마을 기금조성에 협조한다는 마음으로 승낙을 하고 왔다. 그런데 점심을 먹고 두 시간도 안되어 이장한테서 전화가 왔다. 은행을 다 떨어놨으니 주워가란다.

아내와 함께 서둘러 작업복에 준비를 하고 와보니, 여럿이 은행을 줍고 있다. 누님, 제수, 사촌형수 그리고 동리 분들이 나와서 비료포대에 담는데 한 시간도 안 되어 작업이 끝났다. 은행을 담은 비료포대를 세어보니 11자루이다. 이것을 내가 사는 아파트로 가져올 순 없고 누님 댁 마당에 손수레로 옮겨놓고 내려왔다. 집에 와 생각하니, 고민이다. 저것을 어떻게 해야 할까? 걱정이 태산 같다. 왜냐하면 은백색의 은행알을 만들려면 은행의 지독한 구린내를 맡아야하고, 몸에 닿으면 가려워 피부를 상하게 하기 때문이다

며칠이 지나서 일찍 아침을 먹고, 나는 아내와 은행을 씻으러 누님 댁으로 갔다. 그런데 마을이 조용하고 누님 댁 현관문도 꽉 잠겨 있다. 알고 보니 오늘 새벽에 마을 분들이 남해로 관광을 떠났다는 것이다. 그래서 도와줄 사람도 없고 점심거리도 못 챙겨 왔으니 아내에게 내일 와서 하자고 하였다. 하지만 기왕에 왔으니 하는 데까지 해보자고 한다.

나는 비료포대의 은행을 개울가로 운반해 포대에 1/3쯤 담고 발로 밟아 치대어 곤죽이 되도록 하는 일을 담당하고, 아내는 치댄 은행을 벼 육모판에 담아 흐르는 물에 헹구어 하얀 은행 알을 골라내는

작업을 했다. 말하자면 분업을 한 것이다. 처음에는 서툴러서 작업능률이 떨어지는 것 같았으나 차츰 익숙해져 하얀 은행 알이 쌓이니, 보기도 좋고 재미도 있어 힘든 줄을 몰랐다.

그런데 점심때가 되니 배는 고프고 힘도 빠졌다. 진천읍에 내려와 점심을 먹으려 해도 온몸에 구린내가 배여 있다. 조금만 더하면 될 것 같아 작업을 계속하였다. 얼마간 지나니 배고픔도 모르겠고, 기진맥진해져 있었다. 아내는 빨리하고 가자며 서두른다. 악을 쓰며 일을 하다 보니, 마지막 한 포대만 하면 끝나게 되었다. 이때는 나도 모르게 힘이 돋아난 듯 쉽게 해치웠다. 어느덧 가을해가 서산으로 넘어가고 있었다. 하루 종일 물만 먹고 일을 했으니, 평생 처음 맛본 극한 체험이었다. 젊어서 고생은 사서도 한다지만 늙어서 고생은 돈을 줘도 못하겠다. 지금도 그 일을 생각하면 몸서리가 난다.

집으로 돌아올 때, 은행을 줍는데 도움을 준분들의 몫을 남겨두고 승용차에 싣고 보니 한 가마니(80리터)는 족히 된다. 이 은행 덕분에 아내는 은행을 다루는 달인이 되었고, 나는 은행을 많이 먹은 사람으로 기네스북에 오를 만 한데 알아주지 않아 아쉽기만 하다.

은행에는 독성(살충성분)이 있어 생으로 먹어서는 안 되며, 반드시 익혀 먹어야 한다. 나는 이 은행 외에도 수시로 주워온 은행과 진천읍 지암리 김원용 형님 그리고 이월면 중산리 윤건훈 친구 등에게서 여러 해 동안 받은 많은 양의 은행도 모두 먹어치웠다. 모르긴 해도 남들이 거짓말이라 할 만큼 엄청난 양의 은행을 섭취한 것이다 은행을 먹기 위해서는 우선 은행의 딱딱한 것을 깨야 한다. 그러면 그 안에 얇은 껍질로 덮혀 있는 은행이 나온다. 또 껍질을 벗기면 노란육질의 은행이 된다. 이것을 익혀 먹는데 언뜻 보면 누런 콩과 같다. 그런데 이 과정이 그리 쉬운 것이 아니다. 은행을 깨부수기 위해 망치로 깨다가 손가락을 다치기도 하고, 세게 내려치면 으스러져서 버려야 한다. 다만 집게로 조절하여 까는 방법은 조금 안정성이 있다. 이렇게 깐 은행은 또 껍질을 벗겨야 하는데, 후라이팬에 담고 열을 가해 익은 다음 비비면 된다. 집사람은 이것저것 다 해 보고, 최선의 방법을 알아냈다. 지금도 일석이조의 이 방법으로 처리하고 있다. 500cc짜리 빈 우유팩에 은행을 담고 전자레인지에 넣고 돌리면 펑펑 은행터지는 소리가 요란하다. 폭음이 한동안 귀가 멍하도록 울리고 난 후에 꺼내어 팩을 열어보면, 반쯤은 은행안 껍질까지 벗겨져 있다. 오래된 은행은 노란콩 같지만 햇것은 녹두색으로 뜨끈뜨끈할 때 입에 넣으면 그 맛이 천하일품이다. 덜 터진 것은 집게나 입에 넣어 살짝 깨물면 벌어진다. 그리고 먹다 남은 은행은 냉동실에 저장해 뒀다가 밥 지을 때마다 30~50알씩 꺼내어 쌀과 섞어 넣으면 제격이다. 언뜻 보기에 콩밥으로 보인다. 나는 은행만 먹었지 우유팩에 은행을 얼마나 넣는지 전자랜지에 몇 분간 돌리는지 저장은 어떻게 하는지 전혀 알지 못한다. 오직 "은행의 달인" 아내만이 갖고 있는 노하우이다

나는 깡마른 체질에 키만 커서 살찌는 것이 소원이라고 하니, 화

학을 전공한 이학박사 큰아들이 당분간 은행을 먹지 마라한다. 그래서 저장한 은행을 버릴 수 없어 아내에게 맡기고 필요할 때 양을 줄여 가끔씩 달라고 했다. 평소 은행을 많이 섭취해서일까. 아직까지 잔병은 없다. 동의보감에도 은행은 기침 가래 천식 등에 약효가 있다고 소개돼 있다. 나는 식용으로만 먹었을 뿐이다. 1980년. 전후해서 우리나라는 유실수 보급과 가로수로 은행나무를 많이 심었는데, 그것이 성목이 되어 요즈음 결실이 한참일 때이다. 살이 되고 약이 되는 은행이 제 대접을 못 받는 것 같아 개인적으로 아쉬운 마음이다. 이 은행의 약효와 가치를 제대로 알아, 땅에 버려지는 일 없이 알뜰히 주워 먹었으면 한다

휠체어 타고 북경 다녀오다

2019년 4월 30일부터 5월 4일까지 4박5일 중국의 수도 북경에 다녀왔다. 달나라에서도 보인다는 만리장성 중 팔달령성에도 올랐고,1368년부터 1911년까지 황제가 풍년을 기원하던 천단공원의 기년전(祈年殿)도 돌아보았다. 평소 TV로 익숙하게 봐온 천안문 광장도 직접 밟아 보았다. 여행사의 안내로 해외 관광을 할 때는 별 문제가 없으나, 혼자 또는 가족을 동반하고 자유여행을 떠나게 되면 불편함이 이루 말할 수 없다. 물론 그 나라 언어를 잘 알고 소통이 될 때는 문제가 되지 않는다.

2019년 1월 31일 북경에서 막내며느리가 문자를 보내왔다. 아내와 나의 여권사진을 복사해 보내란다. 금년 5월 1일 노동절 연휴 때 애비가 쉬게 되니, 아시아나 항공사에 예약을 한다는 것이다. 그리고 패밀리서비스라 해서 입출국할 때 불편함이 없도록 직원이 안내를 해준다고 한다. 나는 며느리의 문자를 받고 잠깐 고민을 했다. 북경에 간 지 일 년도 안 되니 너희들이나 몸 건강하게 잘 있다오라 했다. 그래도 며느리는 좋은 기회라며 포기하지 않는다. 결국 승락하니 왕복항공권을 예약하였다고 문자가 왔다.

중국 북경여행은 비자를 받아야 한다기에, 4월초에 진천 하나여행사에서 발급받고 떠날 준비를 하고 있었다. 그런데 4월 13일 저녁에 아내가 낙상을 하여 오른쪽 다리를 다치는 사고가 발생하였다. 큰 골절상은 아니고, 뼈 일부가 금이 간 것이다. 다행이 뻿정다리로 다닐 수는 있다고 한다. 그래서 여행을 포기할 것인가? 아니면 나 혼자 가야하나? 고민에 빠지게 되었다. 그사이 날짜는 하루 이틀 지나고 4월 30일 떠날 시간이 다가왔다. 결국 같이 가서 거동이 불편하면 집사람은 집에 있기로 하고, 아내와 같이 떠났다.

청주공항에서 여행용 가방을 부치고 좌석표를 주면서 붉은 줄에 메달이 달린 목걸이를 준다. 아내와 나는 그 줄을 목에 걸고 다니며 탑승을 기다리고 있었다. 탑승시간이 되어 문을 열 때 서로 먼저 들어가려고 줄을 섰는데, 앞에는 40여 명이 줄지어 있다. 때마침 직원인 듯한 젊은이가 있어 집사람을 가리키며 내가 "이 사람이 환자인데," 설명을 하는 순간 목걸이를 보고 "이리 따라오세요"하며 비행기 탑승까지 안내한다. 좌석도 맨 앞자리는 비어 있고 두 번째 줄에 좌석하나를 더 수어 깁스다리를 의자에 걸쳐서 편하게 갔다.

드디어 2시간 만에 북경공항에 도착했다. 내릴 때 옆줄을 보니 우리부부와 같이 목걸이를 메고 온 승객이 있다. 여자 안내원은 우리

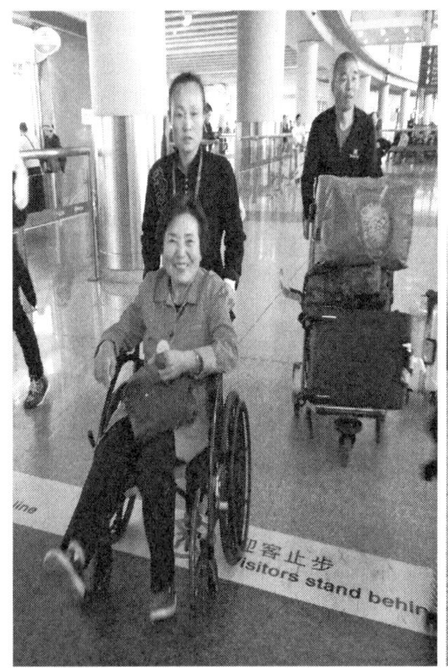

▲ 북경여행 때 처음으로 공항 패밀리 서비스를 받아보았다. (2019년 봄)

들을 먼저 내리게 한다. 비행기 탑승구를 나오니 휠체어 4개가 기다리고 있다. 우리보고 이 휠체어에 앉으란다. 나는 아내에게 앉게 하고 걸어간다고 하니, 떠나지 않고 있다. 뒤를 보니 나오는 승객들이 밀려 있고, 우리보고 길을 비키란다. 그래도 4대의 휠체어가 출구를 막고 있어, 나는 할 수 없이 휠체어에 앉았다. 그제서야 휠체어 4대가 굴러가니 상황이 끝났다. 그런데 한참 가다가 엘리베이터로 내려가고, 또 가다가 전철을 타고, 전철에서 내려 또 간다. 휠체어가 갈 때는 모든 승객이 피해주었다. 결국 화물 찾는 곳에 와서 가방을 꺼낸 후 나는 그들에게 이젠 가라고 했다. 그런데 또 끌고 간다. 마지막 출구 가까이 오니, 막내아들이 선 밖에서 보고 기뻐한다. 출구에 나와 휠체어에서 내리는 동시 확인서를 내민다. 서명을 하라는 눈짓을 해 서명해주었다.

일정을 마치고 귀국 할때에도 화물을 부치고 탑승 좌석표를 받았다. 조금 기다리니, 휠체어 2대가 온다. 이때는 집사람과 같이 지체하지 않고 당연한 듯 올라앉았다. 이들은 우리가 보안검색대를 지나 입국수속을 밟을 때에도 특별 창구로 안내해주어 일반인들과는 차이가 많았다. 청주공항에 와서도 편의를 제공받았다. 내가 세상에 태어나 처음 타보는 휠체어였다. 환자만 타는 것으로 알았는데, 이런 체험을 하다니 평생 잊지 못할 것이다.

떠날 때 걱정을 많이 했던 집사람도 같이 관광을 했다. 천단공원에서는 며느리가 휠체어를 서비스 받아 밀고 다녔다. 600년 수령의 향나무 숲길과 여러 그루의 백송(白松)은 지금도 눈에 선하다. 만리장성에 오르고 내려올 때는 케이블카를 타느라 고생은 했지만, 구경은 제대로 했다 세계적으로 이름난 북경오리 음식도 식당대기실에서 한 시간이나 기다렸다가 시식을 하였다.

내가 이번 여행에서 체험한 것을 패밀리 서비스(Family Service)라고 한다. 아시아나 항공뿐 아니라, 일부 항공사들도 부부나 가족 중 노약자를 위하여 실시하고 있다. Family라는 단어는 Father And Mother I Love You 중 첫글자로 만들어졌다고 한다. 앞으로 외국여행을 할 때 몸이 불편한 사람이 활용하면 즐거운 관광이 될 것이다.

나의 아들딸들아 고맙다. 특히 막내들(김철묵, 조현정) 고생 많았다.

낙상과 보조대(落傷과補助帶)

나는 2017년 2월 24일 새벽에 얼음길에 미끄러졌다. 손목과 가슴뼈를 다쳐 진천성모병원에 입원하여 20여 일간 치료를 받은 바 있다. 새벽등산은 40년을 다녔다. 이날도 05시경 운동을 하러 집을 나섰다. 산길을 접어들면서 겨울에 있던 눈이 녹았다가 얼음이 살짝 언 것을 보았다. 내려올 때 조심해야 되겠다고 생각도 했다. 그래서 운동을 마치고 비탈길에 접어들면서, 처음부터 조심조심 느리게 한 발 한 발 내디디며 내려왔다. 그런데 마지막 3m를 남겨두고 옆으로 넘어지면서 한동안 일어나지 못하고 앉아 있었다. 뒤에 오던 일행이 나를 일으켜 세워 간신이 일어나니 온몸이 아프고 정신이 없다. 택시를 불러 김동선님이 집에까지 안내해주어 무사히 왔다. 나는 항상 비상금을 가지고 다녀 택시비도 주었다.

아침을 조금하고 서둘러 병원으로 갔다. 우선 X-ray를 찍고 이곳저곳 다니면서 정밀 검사를 받았다. 그런데 X-ray를 찍고 나오는데 웬 사람이 보조대를 해야 한다면서 나의 신체규격에 맞게 자로 잰다

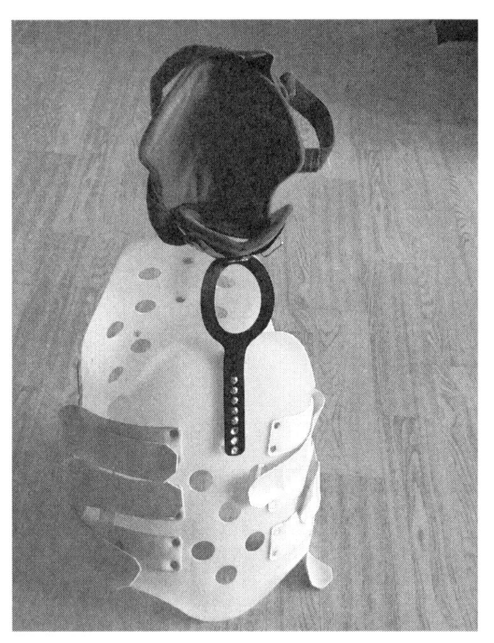

▲ 척추를 보호하는 보조대

는 것이다. 나는 몸이 아파 죽겠는데 귀찮게 굴어서 "이봐요. 검사 결과도 안 나왔는데 무슨 보조대요. 저리가요" 소리를 지르니, 그는 머쓱해 가지고 아내와 이야기를 한다. 종합진찰 결과 오른 손목과 갈비뼈가 부러지고 척추골절이 있다고 하여 507호실에 입원하게 되었다. 8인실인데 나의 침상은 유리창가라 밖을 볼 수 있어 다행이다. 환자복을 갈아입고 있는데, 어떻게 알았는지 보조대를 해야 한다며 조금 전 그 사람이 또 왔다. 내가 "무슨 보조대나?"고 하니, "척추가 손상되어 고정을 하는 것"이라 한다. 내가 안한다고 하니 아내가 짜증을 내며 의사가 하라니 해야 한다는 것이다. 나는 간호하는 아내를 생각해 48만 원짜리 보조대를 사기로 하였다. 보조대는 다음날 아침에 가져와 돈을 주었지만, '담당의사와 업자간의 협잡'에 놀아난 것이 불쾌하였다.

손목을 수술하고 입원하였는데, 일어나질 못하게 한다. 소변과 대

변도 아내가 받아냈다. 수술하고 다음날 아침에 S의사가 회진을 왔다. 누워있는 나를 일으켜 앉으라 하더니 보조대를 입히는 것이다. 보조대를 하고 나니 숨통이 막히고 잠시도 있을 수가 없다. 그래서 의사가 보는 앞에서 보조대를 벗어 던졌다. "나는 죽으면 죽었지 이것은 못 하겠어요."하니, 의사는 나가면서 아내와 간호사에게 이야기해 나를 통제하였다.

내가 1990년 12월경 새벽. 청주 구룡산을 등산하고 내려오든 중 눈이 조금 왔는데 미끄러져 엉덩방아를 찧어 자빠진 일이 있다. 그때 척추에 이상이 있었던 것 같았다. 담당의사의 오진이랄까? 분명히 X-ray영상에는 척추가 손상된 것으로 나타나고 있단다. 그러나 나는 척추에 이상이 없다고 생각했다. 그래서 의사에게 척추는 아프지 않으니 괜찮다고 했지만 의사는 환자의 말을 믿지 않는다.

입원실에서 보조대를 하지 않고 다니다 간호사에게 주의도 여러 번 받았지만, 의사에게 갈 때는 할 수없이 보조대를 느슨하게 하고 갔다. 의사는 나에게 심각한 이야기를 한다. 보조대를 안하면 나중에 "(의사가 허리를 굽히면서)이렇게 꼽사가 된다"는 것이다. 그러나 2년이 지난 현재까지 아무런 이상이 없으니 의사의 진단은 잘못된 것이며, 보조대금 48만원만 날린 결과이다. 지금도 이 보조대를 보관하고 있는데, 이제 쓰레기로 버리려고 한다.

내가 입원했을 때 여러분들(명단 기록보관)이 오셔서 위로금을 주시고 염려해 주심에 항상 고맙게 생각하고 있다. 늙어서 치매보다 무서운 것이 낙상(落傷)이라고 한다. 앞으로 이런 일이 없도록 각별히 유념할 것이다.

寒松 申應鉉 會長

나는 鎭川郡祠宇保存會 총무를 하면서 신응현 회장을 12년간 모시고 祭禮에 관하여 많은 것을 배웠다. 그리고 진천군의 지원을 받아 회원 및 유림들에게 전통제례교육을 매년 실시하였다.

寒松 申應鉉 會長은 平山申氏 始祖인 高麗開國一等功臣 壯節公 申崇謙의 33世孫으로 西紀 1930年 2月 4日 鎭川郡 栢谷面 成大里에서 出生하였다. 壬辰倭亂扈聖功臣 平川府院君 忠憲公 申礏은 會長의 先祖이며 鎭川落鄕祖로 百原書院을 建立하여 많은 地方人才를 輩出하였다. 會長은 鎭川農高와 檀國大學校 政治學科를 卒業하고 25年間 山林公務員으로 治山綠化事業에 寄與했고 大韓民國 國會事務處에도 勤務한 바 있다.

寒松 會長은 公職을 마치고 梨月面松林里로 歸鄕한 후 地域發展에 많은 業績을 남기었다.

첫째로 1985年 12月 20日 常山古蹟會를 創立하여 會長에 就任하고 鎭川郡內 姓氏別 始祖,分布狀況,輩出人物等을 調査記錄한 '常山人脈誌'를 發刊하였고, 文白面 九谷里 莊烈祠, 德山面 斗村里 宋仁先生

墓所, 文白面 思陽里 李拱升과 李挺先生 墓所等 文化財指定申請과 우리 地域의 遺跡地踏査 및 硏究에 많은 業績을 남겼다. 常山古蹟會는 2012年 9月 27日 '社團法人鎭川鄕土史硏究會'로 改名하였다.

다음으로 1995年 6月 25日 鎭川郡內의 祠宇, 影堂, 書院, 孝子忠臣烈女의旌閭를 保存하고 그곳에 모셔진 옛 賢人을 崇慕하기위하여, 그 後孫과 유림들이 全國有一의 '非營利法人鎭川郡祠宇保存會'를 조직하시고 終身會長을 역임하셨다. 本會는 每年傳統祭禮敎育과 全國의 遺跡地 踏査를 實施하여 會員들의 견문을 넓히고 各種享祀에 參與하고 있으며 後孫에게 祭禮文化를 傳授하고 있다.

寒松會長의 가장 큰 功績은 농다리祝祭, 농다리 원형복원, 농다리 유래의 확립, 농다리주변 경관조성 등이다. 제1회농다리축제는 2000年 8月 24日 이상구 文白面長이 주관하여 개최하였고, 그후 진천문화원에서 주관하다가 예산이 적다고 포기한 것을 會長께서 2003年 7月 13日 '非營利法人농다리保存會'를 創立하고 會長에 취임한 후, 鎭川常山林氏 花樹會의 협조를 얻어 風前燈火에 놓인 第四回祝祭를 개최하였다. 이어서 11回까지 主管하면서 축제다운 축제로 발전시켜 전국에 알려지게 되었다. 농다리는 문화재지정당시 水門 25間이던 것을 하늘의 별자리 28宿에 맞추어 28間으로 하였다는 常山誌의 考證으로 2008年 여름에 원형 복원함으로서 원래의 神秘力을 발휘하게 되었다.

寒松會長은 품성이 온후강직하시다. 매일 사무실에 출근하여 학문을 즐기고 譜學, 風水地理, 四柱觀相, 巫俗占術 등에도 一家見이 있어 찾는 이가 많다. 이 지혜와 식견으로 마음이 힘든 사람들에게 위로와 힘을 주곤 한다. 노환으로 衰弱하시더니 西紀 2015年 8月 26日(陰曆 7月 13日) 享年 86歲로 幽明을 달리 하셨다.

아! 常山의 별이 또 하나 떨어지고 知識寶庫가 사라졌다.

寒松 申應鉉 會長님의 極樂長生 冥福을 祈願합니다. 그리고 오래오래 기억할 것입니다.

2019년 11월 11일

鎭川郡祠宇保存會長 金 榮 萬

Ⅳ

일문사충 안동김참판공휘훈종회

(一門四忠 安東金氏參判公諱訓宗會)

종회의 책임을 맡다

안동김씨 참판공 김훈(金訓)은 충렬공 김방경의 13대손이며 안렴사공 김사렴의 9대손이다. 진천 입향조 생원공 김인(金隣)은 6대조이고 종손(큰집)으로 아버지 김인(金仁)까지 5대를 독자로 이어왔다. 김훈 할아버지께서 4형제를 두셨는데 자손들이 모두 번창하였다. 특히 2남 김천주(金天柱), 3남 김천장(金天章), 손자 김성추(金聲秋)·김성옥(金聲玉)은 1728년 이인좌의 난으로 진천현이 점령되었을 때 의병을 일으켜 싸우다 희생되었다. 그래서 나라에서는 위 네 분에게 관직을 증직하고 충신정려(忠臣旌閭)를 세우게 했다 한 집안에서 네 분의 충신이 나왔다고하여 일문사충(一門四忠)으로 이름이 났다. 나는 김훈(金訓)의 8대손이고, 4남 김천택(金天澤)의 후손이다.

2003년 11월 26일(음력11월 3일) 진천읍 사석리 여사부락 김응묵(金應默) 회장댁 안방에서 종계(宗契)를 했다. 참석자는 7명(영생, 동묵,응묵,재구,재진,재철,영만)이다. 이 종계는 일문사충(一門四忠)의 선조인 김훈(金訓), 김인(金仁), 김려(金慮)를 모시고, 충신할아버님들의 유덕을 숭모하며 종친간 친목을 도모하고 있다. 매년 음력 11월

3일이 종인들이 모여 도조(稻租)를 받고 종사를 보고 있었다.

그런데 종계가 마무리 된 후 응묵 회장이 나에게 한마디 한다. “내가 신병이 있어 종사를 더는 볼 수 없으니, (나를 지목하며) 아저씨가 이 계(契)를 맡아주어요.” 나는 즉석에서 “이 계는 지금까지 사석 분들이 해왔고, 앞으로도 여기 있는 분들이 해야 합니다”라고 강력히 사양했다. 그러나 응묵 회장은 “아저씨, 봐요! 여기 이 계를 맡을 사람이 누가 있어요. 아저씨 밖에 없잖아요.”하며 노트 한 권을 나에게 준다. 달랑 노트 한 권이 종계의 인수인계인 것이다.

노트를 집에 가지고와 살펴보니, 매년 도조를 받고 지출한 내용은 있으나 이 계가 관리하는 재산이 얼마인지 알 수 없다. 왜냐하면 응묵 회장은 장관리 생원공 종계와, 안동김씨 공주파 부동산도 관리하고 있었다. 그래서 수시로 응묵 회장을 찾아가 문의하고 확인해 부동산 실태를 조사했다. 군청에서 토지대장등본을 발급받고, 등기소에서 소유자를 확인했다. 그런데 문제점을 발견했다. 전체 부동산 33필지 가운데 26필지가 김응묵, 김홍묵(金弘默) 두 사람 소유로 되어 있다. 1981년 5월 28일 임시조치법으로 소유권 이전 당시 김응묵은 총무, 김홍묵은 시기(재무)로 종사를 보았다. 기타 7필지도 3~4명의 개인소유로 등재되어 있다

2004년 1월 13일 눈이 많이 내렸으나 차량소통은 되었다. 나는

서울에 올라가 단성사 앞에서 고 김홍묵의 큰아들 김재용과 김병묵, 김광묵을 만나 서로 인사했다. 점심을 먹으면서 종중재산의 소유권 등기이전에 협조해달라고 했다. 김병묵은 김재용의 당숙이고, 김광묵은 재당숙이다. 병묵 조카가 재용에게 강력히 말한다. “등기관계 협조해 드려라.” 하니, 재용이는 “네”하고 대답한다. 처음 만났으나 서먹함 없이 소주 두 병을 하면서 즐거운 시간을 보냈다. 점심 값은 광묵 조카가 계산하였다. 김광묵은 진천에서 고등학교 교사로 재직하다 정년퇴직 하였다. 김재용 族孫에게 부동산 목록과 종중규약(안)을 주고 내려 왔다. 나는 榮자 항렬이고 默자는 姪행, 在자는 孫행이다. 모두 김훈 할아버지의 핏줄을 타고남 후손들이다.

부동산을 종중명의로 하려면 종중을 구성해야 한다. 그래서 호조참판증직을 받은 김훈(金訓)으로 하여 종중 명칭을 ‘안동김씨참판공휘훈종회‘로 하였다. 김훈할아버지는 4형제를 두시고 2남 김천주, 3남 김천장과 손자 김성추, 김성옥이 충신으로 일문사충(一門四忠) 집안이다. 2004년 1월 19일 진천군청에 부동산등기용 등록번호 111157-3335201 ‘안동김씨참판공휘훈회’로 종중 등록을 하였다.

김응묵 지분 1/2 소유권 이전하여주고 타계하시다

종중 등록을 마치고 부동산소유권 이전 업무로 동분서주하였으나, 고 김홍묵의 자녀 5남매가 서로 다른 지역에 거주하고 있어 지연되었다. 또한 경자유전의 방침에 의거, 농지는 종중으로 할 수 없다고 한다. 전에는 조상의 위토도 종중으로 할 수 있었으나, 옛 어른들이 알지 못한 모양이다. 그러나 임야, 대지, 도로 건물 등은 가능했다. 나는 병상에 누워있는 김응묵 조카에게 제안을 했다. "우선 조카님 앞으로 되어 있는 부동산 1/2지분이라도 종중으로 이전해주세요."라고 하니, "그렇게 해요"하신다.

주민등록 초본과 인감증명 발급을 위하여 여러 차례 환자를 태우고 잣고개를 넘고 넘었다. 환자가 너무 피곤한 것 같아 위임장을 해달라고 하였으나, 괜찮다고 하며 오히려 먼저 가자고 서둘렀다. 2004년 3월 17일 임야, 대지, 도로 등 16필지를 김철수 사법서사에게 서류를 만들어 주었다. 3월 27일 등기가 나왔다고 연락이 왔다.

나는 김철수 사법서사 사무실에 들러 등기서류를 찾았다. 그리고 화랑마트에서 과일선물을 사서 김응묵님을 찾아가 적극적으로 협조해 주신 것에 대해 고맙다고 인사했다.

김응묵 회장은 회복하지 못하시고 2004년 4월 20일 일산 암센터 병원에서 영민하셨다. 향년 70세이고 슬하에 1남 5녀를 두었다. 고인은 젊어서부터 종사에 참여해 종인들로부터 두터운 신임을 받으셨다.

나는 자기 이름으로 되어 있는 16필지의 부동산을 종중명의로 소유권을 '안동김씨참판공휘훈종회'로 이전 해준 김응묵 회장에게 항상 고맙게 생각했다. 왜냐하면 후일 송사에서 많은 참고가 되었기 때문이다. 그리고 자기의 운명이 얼마 남지 않았음을 알고 나에게 종사를 맡아 달라고 한 것에 대하여도 뒤 늦게 이해를 하게 되었다.

저승에 계신 김응묵 회장님! '안동김씨참판공휘훈종회'의 발전을 도와주세요!

세상에 이럴 수가

고 김홍묵님의 자녀 중 유일하게 진천읍 사석리 여사부락에 2남 김재관이 거주하고 있었다. 그는 아내와 같이 도매사업을 하는지 집 마당과 창고에는 물건이 많고 항상 바쁜 것 같았다. 하루는 거실로 찾아가 소유권 이전 협조를 부탁했다. 족손(族孫)의 선친(先親)은 나와 고등학교 동창이라고도 했다. 그러나 말대꾸가 없다. "예! 해드리겠습니다" 소리를 듣고 싶었는데, 아무 말이 없으니 할 말이 없다. 그러나 族孫에게 형님과 동생들에게 연락해 등기에 필요한 서류를 해달라고 부탁하고 나왔다.

그동안 서신도 보내고 등기서류 작성요령을 알려주었으나, 아무런 소식 없이 3년이 지났다. 때마침 부동산 등기 이전에 관한 임시조치법이 시행 중임을 알게 되었다. 전답(田畓)의 농경지는 종중으로 할 수 없으나, 임야 · 대지 · 도로는 가능하다하여 2007년 3월 29일부터 추진하였다. 그런데 과정이 복잡하다. 부동산소재지의 이장(里長)과 농지위원 2명의 인감을 받아서 군청 민원실에 제출하면 공고를 한다. 공고 후 2개월이 지나면 확인서를 발급받아 소유권을 이전하는 것이다.

임시조치법에 해당되는 임야 5필지, 대지 10필지, 도로 2필지 등 17필지에 대하여 소정의 서류를 만들었다. 이 부동산은 진천읍 건송리, 사석리, 지암리, 금암리에 분포하고 있어, 각 이장과 농지위원 2명씩을 돌아다니며 받아야 한다. 그래서 일주일에 걸쳐 12명의 인감을 받아 군청에 가니, 서류미비라며 보완을 하란다. 군청을 가고 오면서 어렵게 접수를 시켰다.

그런데 2007년 6월 11일 공고마감 일주일 앞두고 진천군청에서 연락이 왔다. 이의신청이 들어왔단다. 만사 제쳐놓고 군청에 가보니, 고 김홍묵 3남 이 이의신청을 한 것이다. 내용을 보니 무슨 소린지 알 수 없고, 다만 자기들 것이라 한다. 나는 어처구니가 없어 2007년 6월 18일 서울 여의도 교원공제회관내에 있는 김양남 변호사사무실에 찾아가 처음 인사하고 3남이 낸 이의신청을 철회해달라고 했다. 김양남은 3남의 재당숙(7촌아저씨)이다. 재당숙질간 통화를 했으나 시원한 답변을 듣지 못하고 명의신탁해지소송을 해야 한다는 것이다. 나는 그래도 그들을 이해시키려 했으나 날짜만 지나갔다.

그래서 이의신청인을 만나 설득한 후 다시 제출하려고 담당계장에게 서류를 반송해 달라니, 일단 제출된 서류는 반송이 안 된다고 한다. 그리고 일단 반려하면 다시 제출할 수 없고, 철회하면 다시 제출할 수 있다고 하여 2007년 7월 4일 군청에 가서 철회공문을 접수시켰다.

여름이 지나고 가을이 왔다. 그동안 고 김홍묵 자녀들에게 전화도 하고 서신도 보냈으며 그들 친척에게도 이야기하여 협조를 구했다. 그래서 재차 임시조지법에 의한 확인서를 받기 위하여 4개 마을의 이장과 보증인들의 인감을 다시 받아 제출하려고 서류를 만드는 중에 나도 모르게 화가 났다. 왜냐하면 군청에서 발급받은 토지대장과 등기소에서 발급받은 등기부 등본을 보니, 2007년 7월 19일 소유자가 김홍묵에서 김재용, 김재관, 김재택, 김재경, 김재인으로 된 것을 발견했다. 이런 것을 모르고 헛수고를 한데다 그동안 조롱당했다고 생각하니 울화가 치밀어 견딜 수가 없었다.

청주지방법원 민사소송

김홍묵 자녀들이 상속을 하였으니 문제가 되었다. 고 김홍묵의 6촌 동생 김양남(김양묵) 변호사에게 자문을 받기로 했다. 2008년 1월 31일 김재구 총무와 서울 여의도 교원공제회관 2층 사무실에 가서 그동안의 경위를 설명하고 변호사에게 종중재산을 찾아달라고 했다. 그랬더니 소송을 하기 전에 우선 해당부동산에 대한 가처분신청을 해야 한다며 내려가는 즉시 위임장을 보내 달라고 한다.

다음날 소송위임장을 작성하여 속달등기로 변호사에게 보냈다. 이어서 부동산처분금지 가처분신청에 따른 등록세도 송금했다. 2008년 2월 27일 청주지방법원 제20민사부 사건 '2008카합 102부동산처분금지가처분.'로 접수 처리되었다. 가처분 부동산내역은 임야, 대지, 전답, 도로 등 28필지며, 고 김홍묵자녀 5명 이외 김완묵과 김재철 등 7명이었다. 김완묵은 진천읍 사석리 732 대지588㎡ 중, 고 김홍묵지분 1/2을 매수하여 소유권을 이전하였고, 김재철은 진천읍 건송리 산94-2 임야 70,236㎡ 중 고 김동묵 지분1/3을 상속처리하였다.

김홍묵 지분이었던 모든 부동산에 대한 가압류 처분후 2008년 7월 11일 소송비용을 변호사에게 송금했다. 그리고 소송에 따른 관련 서류도 보냈다. 동년 8월 4일 청주지방법원 사건 '2008가합3159 신탁해지로 인한 부동산소유권이전등기신청'으로 접수되어 재판을 하게 되었다.

본건 소송은 6~7회의 재판을 거쳐 2009년 10월 28일 '김영만은 원고 종중을 대표할 적법한 권한이 없다'는 사유로 각하되었다.

문제의 발단은 재판이 진행되는 동안 증빙자료를 수집하기 위하여 1981년 발간된 安東金氏一門四忠史蹟(안동김씨일문사충사적)의 책자로 인해 발생하였다. 책속에 끼여 있는 서류가 있는데, 내용을 보니 1981년 11월 26일(음력 11월 3일) 개최한 安東金氏一門四忠派 宗親會定期總會(안동김씨일문사충파 종친회정기총회)서류이다. 총회서류에는 회칙, 임원명단, 재산목록 등이 상세히 기재되어 있다. 나는 전임 회장으로부터 이런 서류를 받았다면, 종중명의를 당연히 안동김씨일문사충종친회로 하였을 것이다. 그러나 20년 이상 종친회 운영내용은 전혀 없고, 음력 11월 3일 도조(賭租) 받고 지출한 노트 한 권만 인수하였기 때문에 문제가 발생한 것이다.

1981년의 총회서류가 발견되어 부동산이 종중 것임이 확인되었고, 임원명단에 나의 8대 할아버지 김훈의 아들 4형제 후손들이 고루 분포되어 있어 나의 회원자격 시비가 마무리 되었다. 그러나 이 회칙에 의해서 임원을 선출해야 하는데, 몇 사람이 참석해 대표 김영만을 선임한 것은 무효라는 피고측 주장을 인정한 것이다.

대전고등법원 항소

민사소송 일심에서 각하된 원인이 김영만이 종중의 대표성이 없다고 하였기 때문에, 정식 총회를 개최하기로 하였다. 우선 임시총회는 2009년 12월 27일 11시 진천읍 충청회관에서 하기로 정하고 준비에 들어갔다. 그런데 김훈 할아버지 후손으로 생존하고 있는 회원이 몇 명이고 어디에 거주하고 있는지 파악하는 것이 보통 문제가 아니다. 김양남 변호사는 족보를 보고 명부를 작성하고 나는 각 지파별로 문의해 주소지를 알아 임시총회개최를 80여 명에게 통보했다.

2009년 12월 27일 11시 충청회관에서 임시총회가 김동묵 사회로 개최하였다. 총원 256명중 193명(54명 참석, 위임 139명)참석하여 성원이 되었음을 선포하고 국민의례, 선조영령에 대한 묵념을 했다. 이어 사회자는 "일문사충파의 부회장 김영생(92)님은 연로하시고 청각장애가 있어, 임시 의장에 김영조님을 추대하고자 하는데 이의 있습니까?"하니, 좋다고 하여 김영조 임시의장이 회의를 주관하였다.

회의 진행은 문중규약 개정, 개정된 회칙에 의거 임원선거를 했다. 임원에는 회장 김영만, 부회장 김재옥·김동묵, 감사 김두회·김주철, 총무 김재구, 그리고 이사 8명을 선임하였다. 이 자리에 피고인 고 김홍묵의 큰아들 김재용도 참석하였다. 임시회의는 순조롭게 진행되어 12시 30분에 종료되었다.

대전고등법원 "(청주)2009나2027 신탁해지로 인한 부동산 소유권 이전등기절차"로 접수되어 청주지법에서 재판이 진행되었다. 피고 측에서는 공증인가 법무법인 청풍로펌의 신승현 변호사가 간혹 재판에 참석하였고, 원고 측 김양남 변호사는 서울에서 왕복하느라 고생도 많았다. 종중을 위해 무료 봉사하는데 항소비 이외에 뒷받침을 못 해줘 항상 미안하게 생각하고 있었다.

재판은 2010년 2월 23일부터 청주지법 221호실에서 시작하여 매월 개최하였다. 그런데 6월 7일 426호실 조종재판에서 판사가 이야기한다.

판사 : 임야는 전부 돌려줄 터이니, 대지는 피고들에게 주시지요.

원고 : 매년 대지에서 도조를 받아 묘지관리와 시제를 올리기 때문에 안 됩니다.

판사 : 그럼 대지 2필지만 주어요. (피고에게 2필지를 말하라한다)

피고 : 진천읍 사석리 대지 727번지와 735번지입니다.

판사 : 이것은 강제조정이니 2주일 내에 이의가 없으면 확정됩니다.

원고 측에서 받아들일 수 없다고 판사에게 통보하니, 지난해 12월 27일 총회당시 위임장이 문제가 되었다. 2010년 8월 3일 권택수 재판장으로부터 139명의 위임장에 날인한 인감이 막도장이고, 필체도 한사람의 것이니 이를 입증하라는 것이다. 반년동안 아무런 이야기가 없었는데 강제조정을 받아들이지 않은데 대한 보복이라 생각되었다. 그래서 임원들이 총동원되어 위임자를 찾아가거나 전화로 연락해 인감증명을 첨부 위임하였다는 걸 문서로 작성하였다.

그런데 위임자 139명의 인감을 받아야 하는데 70여 명 밖에 되지 않는다. 종중 총원이 256명이라 했으니, 과반수 130명 이상 되어야 한다. 그러나 당일 참석자 54명을 포함 124명밖에 안되어 문제가 될 것 같았다. 그래서 결단을 내렸다.

피고 측에서 김재관의 처(妻)가 나에게 찾아 왔기에, 여사부락 2필지는 종친들이 살고 있어 줄 수 없고 석박부락의 4필지 1,459㎡을 준다고 하니 좋다고 한다. 그래서 종중대표로 합의서를 날인하여 주었고, 피고 측에서 법원에 제출하였다

2010년 8월 31일 재판에서 김앙남 변호사의 반대에도 불구하고 판사는 종중대표인 나의 결심을 받아들였고, 2010년 10월 13일 화해권고 결정이 확정되었다.

어쨌든 이로써 수년 동안 지속해온 소송이 마무리되었다. 나는 석

박부락의 4필지를 빼앗긴 것도 억울하지만, 피고들 때문에 6년 동안 정신적·육체적·금전적인 고통을 감수하며 이런 저런 손해를 본 것이 더 속상하였다.

이런 사태가 발생하게 된 데에는 집안에 어른이 없었던 이유가 크다고 본다. 안타깝게도 피고들의 아버지 김홍묵, 당숙 김병묵, 재당숙 김광묵, 삼종숙 김응묵 어른들이 돌아가셨고, 삼촌, 당숙, 종숙 등이 있으나 충고를 못하고 오히려 동조하는 듯 방관한 데서 발생한 게 아닌가 생각한다.

10년 감수가 이런 것인가?

2009년 12월 8일 겪은 일이다. 내가 노트 한 권을 인수받고 종사를 챙기다보니, 서류가 한 가방이다. 문서 수발부·회원명부·회의록·토지대장·등기대장·재판증빙서류 등 상당하다. 고등법원 항소중이라 변호사에게 참고자료를 주려고 08시 25분 남부터미널 직행버스에 승차했다. 손님이 20여 명이라 좌석이 충분해 중간쯤에 혼자 앉아 갔다.

남부터미널은 직행하는데 내가 탄 차는 경부고속도에 들어서더니 조금 가다가 죽전휴게소로 들어간다. 몇 사람이 내리고 버스기사도 내린다. 그래서 나도 내려 화장실에 들렀다. 일을 보고 나오는데 버스가 떠난다. 앗! 소리를 지르고 뛰어가도 아랑곳 하지 않고 멀리 떠났다. 그런데 그 차에는 가방이 있고 가방 안에는 종중문서가 가득 들어있다.

이를 어쩌나. 발을 동동거리며 사방을 둘러봐도 방법이 없다. 때마침 빈 택시가 들어온다. 급히 좇아가 기사에게 남부터미널로 가자고 하니, 아침식사를 해야 한다고 한다. 그래도 고집을 부려 나의 긴박한 사정을 이야기하니, 마지못해 타라고 한다. 차에 탔으니 이제 버스를 추월할 수 있다고 생각했다.

그런데 큰일이다. 조금 가다보니, 모든 차가 지체하기 시작한다. 그러나 버스전용 차선으로 들어간 버스는 신나게 달리고 멀리 사라졌다. 이를 어쩌나, 생각한 끝에 진천과 남부터미널에 전화를 걸어 가방이라도 찾으려고 안내전화를 걸었다. 안내 전화로 진천터미널에 전화하니, 뭐는 몇 번 뭐는 몇 번 누르라고 하는 음성안내여서 도무지 무슨 소리인지 알 수가 없다. 남부터미널에 전화해도 마찬가지다. '시간은 지나고. 가방은 꼭 찾아야 하는데' 입에 침이 마르고 경련이 일어난다. 아 큰일 났구나. 가방은 찾아야 하는데.

달리던 택시가 남부터미널에 왔는지 기사가 내리라고 한다. 요금은 16,000원이다. 택시에서 내려 경일고속관리사무소에 들렀다. 그런데 직원이 먼저 알고 나에게 말한다. "가방 때문에 오셨지요.?" 그렇다고 하니, 가방을 가리키며 가지고 가란다. 세상에, 이보다 반가울 수가 더 있는가? 나는 가방을 가슴에 끌어안고 잃어버린 자식을 찾은 아비처럼 한참을 그렇게 앉아 있었다.

여의도 교원공제회관에 들러 김양남 변호사를 만나 일을 무사히 마쳤다. 집에 돌아올 땐 남부터미널이 보기 싫어 동서울로 갔다. 포장마차에서 소주 한 컵에 삶은 계란 한 개를 먹고 나니, 만사가 해결된 듯 기분이 원상태로 돌아왔다.

일을 당하고 나서 생각했다. 버스를 내릴 때 옆 사람에게 화장실에 다녀온다고 한마디 하고 내렸다면, 오늘의 십년감수는 없었는데.

충신묘원조성(忠臣墓園造成)

나는 종중대표를 하면서 충신할아버지의 묘를 보고 의문을 갖기 시작했다. 충신 할아버지 묘는 보통 묘와 다르게 웅장하고 품위가 있을 것이라 생각하고 있었다. 그러나 일반 묘와 다른바 없고 오히려 초라하게 느껴졌다. 우선 석물(비석)이 없어 누구의 묘인지 알아볼 수 없다. 충신 김성옥 묘는 수년간 관리 하지 않아 봉분위에 관목으로 덥혀 있었다. 그리고 이산 저산 산재하고 있어 한곳으로 모아야 한다고 생각했다. 그래서 2011년 8월 27일 임원회를 개최하여 가칭 충신묘원조성(忠臣墓園造成)건을 상정하였다. 그랬더니 모두 좋다고 하며 내년 4월에 추진하자고 한다.

2012년 1월 4일 진천읍 상계리 거주 최두석이 사석리 산24-1번지내 2정보의 입목을 팔라고 하여 200만원에 매각하였다. 이 임야 정상부근에 나의 9대조 김인(金仁)할아버지 묘가 있고 이어서 앞에는 할아버지의 큰손자(金天翊) 며느리 전주이씨 묘가 있었다.

겨울에 입목벌채를 하고 나니 사방이 확 트여 있고 묘자리가 넓어 이곳에 묘원을 조성하면 좋을 것 같았다. 그래서 2012년 3월 11일 임원회를 소집해 회의를 하고 12명(영만·양남·영주·영회·승회·두회·주철·재구·동묵·경묵·관묵·사묵)이 현지를 답사하였다. 현장에서 김인 할아버지 묘는 그대로 존치하고 좌측에 아버지 김려, 우측에 아들 김훈을 모시기로 하였다. 그리고 앞의 손자며느리 묘는 이장하고 그 자리에 네 분의 충신할아버지를 모시기로 하였다.

2012년 3월 26일 신응현 회장을 대동하고 현지를 답사 묘택 배치를 자문 받아 그대로 하기로 하였다. 3월 29일 진천석재 오예환과 33,780,000원에 계약하고 4월 19일부터 시작하기로 하였다.

충신묘원으로 이장하기 전의 묘소재지			
김훈과의 관계	선조명	묘 소재지	비 고
할아버지	김 려	문백면 태락리 개찬동 임좌	부안임씨 합부
	김 훈	진천읍 사석리 성암 갑좌	
부인	"	진천읍 지암리 봉평 오좌	전주이씨
2남	김천주	진천읍사석리산24-1 여사촌후계좌	단양우씨 합부
3남	김천장	진천읍 금암리 금성동 자좌	거창신씨 합부
손자	김성옥	진천읍 금암리 금성동 미좌	
손부	"	"	경주정씨상하뇨
손자	김성추	진천읍 지암리 봉평 병좌	
손부	"	진천읍 상계리 태장산임좌	단양 우씨

선조님의 묘를 이장하려고 파묘하면서, 나는 옛날 어른들의 장례 문화에 큰 감명을 받았다. 광중을 2m 이상 깊이 파고 두꺼운 목관에 안치한 후 고운 흙으로 덮고 그 위에 백회로 처리해 놓아 사람의 힘으로는 건드릴 수가 없었다. 포크레인이 아니면 작업이 불가능하다. 불과 2~3백 년 전에 조성한 묘인데, 그 당시 사람의 힘으로 정성을 다하여 조상을 모셨다는 것을 알 수 있었다. 죽은 자도 외부의 침입 없이 편안히 영면(永眠)하시라고 튼튼한 집을 마련해 준 것이다.

4월 19일부터 시작하여 5월 2일에 모든 사업을 완료하였다. 그동안 봄비가 세 차례 와서 작업에 차질을 빚기도 했다. 특히 태령산 기슭 단양우씨 할머니(金聲秋 配) 유골수습은 광중에 물이 고여 물 퍼내느라 시간이 걸리고 어려움을 겪었다. 작업은 서로 분담하여 진행하였고, 영회 승회 재구 영주 동묵 인묵 영조 주철 두회 등이 처음부터 끝까지 수고했다.

나는 이 사업을 총괄하면서 비석의 '관직명을 어떻게 할까?' 고심을 많이 했다. 한글로 하려다 한문으로 했고, 일문사충을 빛내기 위하여 성명 앞에 忠臣(충신)을 넣었다. 그리고 앞면과 뒷면의 글자 배치도 신경을 많이 썼다. 혹여 잘못된 것이 있으면 양해를 바란다.

모든 작업을 완료하고 2012년 5월 13일 준공식 및 묘제를 거행하였다. 11시부터 70여 명의 내 외빈이 참석 국민의례, 선조영령에 대

▲ 충신묘원 석비

한 묵념, 경과보고, 공로패 증정(나에게), 회장인사, 전 진천군수 김경회 축사로 진행하였다. 나는 축사에서 여기는 진천읍 장관리에서 잣고개를 넘어와 뿌리를 내리신 세 분의 할아버지와 네 분의 충신을 모신 '충신묘원(忠臣墓園)'이라고 하였다. 그리고 이어서 묘제를 봉행하였다. 이날 서울의 김관묵 종인이 수건 100장을 기증하였고, 성금을 주신 종친들도 있었다. 여러모로 응원 보내주신 종인들께 감사를 표한다.

이 충신 묘원은 진천읍 사석리 678-1 묘지 802㎡ 안동김씨참판공훈종회(安東金氏參判公諱訓宗會)명의로 지목 변경되어 등기되어 있다.

나라가 위급할 때 의병을 조직하여 목숨을 걸고 반역자들을 토벌하다 순국 또는 불구가 된 충신들의 호국정신을 군민들에게 주지시키는 교육장이 되도록 진천군에서는 사적비건립, 묘지단장, 조경사업 등에 투자하여 주었으면 한다.

종중대표를 사퇴하다

나이가 들어서인지 청각장애가 오기 시작하였다. 2011년 8월 S보청기에서 귀 검사를 하고 보청기를 양쪽에 착용했다. 처음이라 그런지 소리가 아주 크게 들린다고 이야기 하니, 처음에는 그런데 보청기가 알아서 음량을 조정해주기 때문에 괜찮다고 한다. 그러나 해가 바뀌고 세월이 가도 상대방의 목소리를 명확히 들을 수가 없다. 2016년 3월 청주 성모병원에서 청각 검사를 하고 장애4급 복지카드를 받았다. 고음이나 빠른 소리는 알아듣지 못하니, 난청까지 있는 것이다.

일상생활에서도 TV, 라디오, 비디오 등의 음성을 들을 수가 없어 답답하기 그지없다. 그래서 각종 강연회나 학술발표회는 가급적 참여하지 않는다. 나는 사회단체나 종중대표로 회의를 주관할 때는 나의 의견만 전달하고 상대방의 이야기를 직접 들을 수 없어 미안할 뿐이다.

2017년 9월 13일 진천읍내 잠금이 식당에서 본 종회 임원회를 개최하였다. 회의 내용은 종중부동산 일부 매각에 대하여 가부를 결정하는 것이다. 그런데 임원들의 결의사항과 나의 결정에 차질이 발생하였다. 소통이 안 되어서 발생한 것이다. 그래서 다음과 같은 사유로 본 종회 대표를 사퇴한다고 결단을 내렸다.

- 청각장애로 종친과의 의사소통이 곤란하다.
- 그간 본회 운영이 정상화되고 충신묘원을 조성해 조상을 받들게 하였다.
- 신임 회장으로 본회 발전을 도모한다.

위와 같은 내용으로 회장직을 사퇴한다고 문자를 보냈다. 나는 14년간 긴 세월을 일문사충의 안동김씨참판공휘훈종회에 봉사하였다

회장직을 떠나면서

내가 종사를 보면서 몇 분에게 사죄하고, 부탁의 말씀을 드린다.

- 김양남(김양묵) 변호사님께 정말 죄송합니다. 대전고등법원 화해권고 과정에서 끝까지 재판에 임하여야 하나, 나의 주장을 법원에서 받아들이게 한 점 깊이 사과드립니다. 우리 종중을 위해 무료봉사 한 것에 대해서도 조카님에게 진심으로 감사의 마음 전합니다.

- 나의 삼종형님의 며느리인 신춘자 여사와 손자 김재철 모자(母子)에게 감정을 억제하지 못하고, 심한 어조로 편지를 보냈는데, 마음에 상처를 입혔다면 용서를 구합니다, 추후에 진천읍 건송리 산 94-2번지 임야를 종중등록하는데 협조해주어 고마웠습니다.

- 고 김응묵 회장의 配 이병현 여사와 김재협 모자에게도 진천읍 사석리 산100번지 임야 등기이전 과정에서 속이 상한 나머지 종중

서류 가방을 집에 던지고 온 일이 있는데, 이해주기 바랍니다. 그리고 선친 김응묵 지분 농경지 12필지를 김재협 단독으로 상속할 때 일체의 경비는 종회에서 부담하였고, 현 거주지의 대지 453㎡를 무상증여 하였으니 명심하고 종회에 협조를 부탁합니다.

- 고 김홍묵님의 자녀에게 부탁합니다. 그동안 족손(族孫)들 때문에 고생한 것은 이루 말할 수 없으나 모든 것을 잊어버리기로 했습니다. 남들은 조상을 받들려고 종중에 성금을 내고 열심히 참여하고 있는 것을 보았을 것입니다. 앞으로는

① 선친의 명예를 존중해야 합니다.

② 안동김씨 일문사충 가문의 발전에 적극 협조해주기 바랍니다.

③ 고등법원 화해권고로 농경지는 종중의 것이라 하였으니, 미련없이 종중으로 넘겨주어야 합니다.

④ 끝으로 과거를 돌아보고, 일문사충정려 주변청소, 충신묘원 관리, 세일사(시향), 각종 회의 등 종중 일에 적극 참여해서 한 핏줄을 타고난 종중원이 되어야 합니다.

V

가족마당

머리에 쏙쏙 수학의 육하원칙

김나경(손녀)

대학교 2학년 때부터 집에서 용돈이 끊기면서 참 많은 아르바이트를 해왔다. 학원강사, 멘토링, 캠프, 서빙, 관측 홍보, 맥주시음 홍보, 서포터즈, 과외 등 돈이 되는 일이라면 닥치는 대로 해왔다. 서빙이나 관측홍보 아르바이트는 단순노동으로, 경력을 필요로 하지 않아 처음 아르바이트를 시작한 대학교 2학년 초반에 많이 했었다. 운 좋게 구한 학원강사 자리로 차츰 경력을 쌓아가면서 현재는 단순노동 아르바이트는 그만두고 보수가 좋고 보람도 많이 느낄 수 있는 가르치는 아르바이트를 하고 있다.

어렸을 적 꿈은 선생님이었다. 유치원 때는 유치원교사가 되고 싶었고, 초등학교 때는 교육대학교에 들어가 초등학교 선생님이 되고 싶었다. 중, 고등학교 때는 사범대학교에 들어가 중, 고등학교 선생님이 되고 싶었다. 카이스트에 진학한 후, 못 다한 선생님의 꿈을 조금이라도 이뤄보자 꾸준히 강사의 일을 하고 있다. 특히 과외는 한 학생과 일대일로 소통해서 더 선호하는데, 시간이 지나면서 나에게 마음을 열어주는 학생을 보는 것이 마치 진짜 '선생님'이 된 것 같아 뿌듯함을 많이 느꼈다.

잘하는 아이보다 공부를 본격적으로 시작한 지 얼마 되지 않아 아직 공부하는 법을 몰라서 성적이 낮은 학생이 더 정이 간다. 그편이 성적 오르는 것이 눈에 확연하게 보여 과외 학생에게도, 부모님에게도 마치 내가 잘 가르치는 것 마냥 비춰진다. 그래서 오랫동안 과외를 진행했던 학생은 모두 처음에 성적이 낮은 학생들이었다. 이런 학생의 특징은 집중력이 1시간 이상 지속되지 못한다는 것이다. 그렇기 때문에 1시간이 지나고 나면 머리를 식혀줄 겸 딴소리를 해야 한다. 학교생활, 교우관계, 좋아하는 연예인, 취미 등 다양한 주제를 갖고 이야기를 진행하는데, 나눴던 여러 이야기 주제 중 가장 반응이 좋았던 것은 '수학의 육하원칙'에 대해 이야기이다.

이야기의 핵심은 이렇다. '언제, 어디서, 누가, 어떻게, 무엇을, 왜' 이 6가지 항목을 통하여 수학 공부를 하는 법을 알려주어 학생의 사기를 북돋아주는 것. 아직 공부하는 방법과 이유를 찾지 못하여 억지로 힘들게 숙제를 하는 학생에게 그 해답을 찾아주는 것이다. 수학과 관련 없는 이야기를 10분 넘게 떠들면 부모님의 눈치가 보이니, 학생도 공부하기 싫고, 선생도 가르치기 싫은 날이 올 때, 가끔씩 써먹던 비장의 이야기카드이다.

육하원칙의 스토리는 항상 '언제'로 시작한다. 수학 공부를 언제 하는가? 답은 '매일'이다. 답이 너무 평범해서 허무할 정도인데, 이것이 답이다. 수학은 매일 해야 한다. 특별한 답을 기대했던 학생은 이 대답을 듣고 나면 항상 재미없다는 투로 말한다. 평범하고 당연한 말일 수도 있지만, 이렇게 생각하게 된 계기가 있다.

수능을 치르고 대학 면접을 끝내고 고등학교 때 다녔던 수학 학원에서 질문 받아주는 아르바이트를 할 때였다. 분명 수능을 치른지 한 달도 채 넘지 않은 시점이었는데, 아주 기초적인 몇 개가 기억이 나지 않는 것이었다. ln(x)(자연로그; 실수 e를 밑으로 하는 로그 log x)를 적분하는 방법인 '부분 적분'이 도통 기억나지 않았다. 면접 후 고작 2주를 놀았을 뿐인데, 수능에 나왔으면 가장 배점이 낮은 2점짜리 문제로 나왔을 ln(x)를 적분하는 방법을 까먹었다. 그 당시 그 경험은 나에게 큰 충격으로 다가왔다. 고등학교 시절 내내 3년을 준비한 시험이 겨우 한 달밖에 지나지 않았는데 그새 까먹은 것이다.

이렇듯 사람의 기억은 영원하지 않다. 매일매일 상기시켜야 하며, 특히 모든 공식이 유기적으로 연결된 수학의 경우는 앞의 내용을 알지 못하면 뒷부분으로 넘어가지 못한다. 그래서 항상 학생에게 숙제를 내줄 때 일주일치의 숙제를 내주는 것이 아니라 하루 할당량을 정해주어 매일매일 푼 양을 체크하도록 한다. 그렇게 해서 공식을 매일 상기시켜주고 적용해봐야 다음 진도로 나갈 수 있으며 수학을 잘 할 수 있게 된다.

그 다음 키워드는 '어디서'로 연결된다. 수학은 어디서 해야 하는가? 이 또한 앞부분과 대답이 비슷하다. '머리를 쓸 수 있는 곳이면 아무데서나'이다. 약간 대답이 이상하다고 느낄 수도 있지만, 정말이다. 고등학교 때 날씨가 좋은 날이면 운동장 벤치에 앉아 공부를 하기도 했고, 길을 가다가 갑자기 풀이가 생각나면 펜과 종이를 꺼내 길에서 끄적인 적도 있었다. 지금도 어은동(카이스트 앞에 있는 동네 이름) 술집을 나가면 간혹 수학 문제에 대해 토의하는 테이블이 있다. 이렇듯 수학은 때와 장소에 구애받지 않는다.

한곳에서 공부하는 것보다 주기적으로 공부하는 장소를 바꿔주는 것도 질리지 않고 꾸준히 공부하는데 도움이 된다. 고등학교 때는 독서실, 학교 야자실, 학원 자습실 등 한곳이 질리면 공부할 수 있는 장소를 찾아 다른 곳으로 옮겼다. 대학에 와서는 교양분관, 도서관, 응용공학동 자습실, 기계공학과 독서실 등 매 학기 공부하는 장소를 옮겼다. 나의 경우는 순간 집중력은 좋지만 그 시간이 오래 지속되지 못하기 때문에 하루에도 한 번씩 공부하는 장소를 옮기면서 주변 환경을 새롭게 하였다.

과외뿐만 아니라 멘토링, 캠프, 학원강사 등 학생과 소통하는 일을 할 때 가장 많이 들어오는 질문은 '수학 공부를 어떻게 해야 잘할 수 있나요?'이다. 흔히들 수학은 암기 과목이 아닌 응용과목이라고 말한다. 그렇기 때문에 수학성적을 올리기 위해서는 다양한 문제를 많이 풀어보는 것이 중요하다고 한다. 틀린 말은 아니지만 조금 더 세분화시킬 필요가 있다. 수학에도 여러 가지 분야가 있기 때문에 분야 별로 공부하는 방법이 조금씩 다르다. 그래서 나는 '무엇을'과

'어떻게'는 같이 묶어서 설명한다.

우선 암기 과목과 응용 과목의 차이를 알아야 한다. 두 개를 구분하는 방법은 성적상승 그래프를 그려보면 쉽게 알 수 있다. 이 그래프는 투입량(input) 대비 산출량(output)을 나타낸 그래프로 가로축은 투자한 시간, 혹은 공부한 양(투입량)이라고 볼 수도 있고, 세로축은 성적(산출량)이다. 암기 과목의 경우는 일차 함수의 직선 그래프로 성적 상승 그래프가 그려진다. 다시 말해, 투자한 공부시간에 비례하여 성적이 상승 한다. 시험 범위를 몇 번 반복하여 공부하였는가에 따라 성적이 좌우된다. 암기 과목의 경우는 여러 번 반복할수록 뇌에 남아 있는 정보량이 많아져 성적이 상승한다. 반면, 응용과목은 그래프가 계단식으로 그려진다. 성적이 상승하는 구간에서는 급격하게 상승하는 대신, 성적이 한 번 오르고 난 후 정체기가 그 뒤를 따라온다. 따라서 정체기 때 낙담하지 않고 꾸준히 계속 공부하는 인내심을 가져야 한다.

방정식과 부등식, 함수, 미적분학 등을 포함한 해석학 분야는 문제 유형 별로 풀이방법을 외워야 한다. 암기 과목의 형태를 띠기 때문에 초반에는 성적이 많이 오른다. 문제 유형별 풀이 방법을 외우는 일은 누구나 잘 할 수 있기 때문에 이 구간에서는 성적이 금방 오른다. 하지만 금세 정체기가 온다. 완전한 암기분야가 아니라 어느 정도의 응용을 요하는 분야이기에 성적 상승 정체기가 온다. 이 구간에서는 어려운 문제를 조금씩 단계를 높여가면서 풀어보면서 지금까지 쌓아왔던 기본기를 응용하는 방법을 터득해야 한다. 시간을 두고 차근차근 공부하다보면 어느 순간 성적이 확 오르게 된다.

고등학교 수준의 통계파트는 암기파트라 말할 수 있다. 응용문제는 거의 나오지 않으며 기본 유형 문제가 나오기 때문에 성적이 금방 올라 학생의 공부 의욕이 크게 나타나는 부분이다. 반면 기하학파트는 응용파트로 성적이 계단식으로 향상되기 때문에 학생 입장에서도 선생 입장에서도 동기부여가 잘 되지 않는 부분이다.

성적이 잘 오르지 않는 경우는 크게 두 가지이다. 공부 자체를 열심히 하지 않거나, 공부를 열심히 하더라도 그 방법이 올바르지 못하여 성적 상승폭이 작은 경우이다. 전자의 경우는 뒤에 말할 '왜' 공부하는지 명확하게 안다면 해결할 수 있다. 후자의 경우는 이러한 그래프를 이해하고 성적이 오르지 않더라도 좌절하지 않고 꾸준히 노력하면 달콤한 노력의 결실을 맺을 수 있다.

남은 키워드는 이제 두 개다. '누가'와 '왜' 이 두 가지 키워드가 남았다. 사실 '누가 수학 공부를 하는가?'에 대한 답은 명확하다. 답은 당연히 '내가'이다. 더 구체적으로 말하자면, 부모님이나 선생님과 같은 타인에 의해서 억지로 공부하는 것이 아닌 나 스스로 주도적으로 공부를 해야 한다. 그러기 위해서는 '왜' 수학을 공부해야 하는지 알아야하며, 명확한 목표가 있어야 한다.

수학을 왜 공부하는 것인가. 많은 학생들은 이 질문에 대한 해답을 모른 채 그저 대학을 가기 위한 하나의 충분조건이라고 생각한다.

틀린 말은 아니지만 단지 대학을 가기 위해 억지로 공부하는 과목이라고 생각을 하면 너무 슬프다는 생각이 든다. 물론 원하는 대학이 명확하게 정해져 있고, 그 대학을 가는 것이 목표인 사람에게는 원동력이 존재하므로 수학이 덜 힘들 수도 있다. 사람마다 수학을 공부하는 이유는 제각각일 테지만 나의 경우는 '재미있어서'다. 대학을 가기 위한 필수 과목이자 가장 어렵다는 수학을 재미있다고 생각하는 것은 가히 축복 받은 일이라고 생각한다.

왜 수학이 재미있냐고 물어보면 나의 대답은 '코난 같아서'이다. 코난은 유명한 추리만화인데, 중학교 시절 만화책에 빠져 살 때 코난을 정말 좋아했다. 만화를 읽을 때 항상 범인을 추리하면서 읽었는데, 범인을 맞추건 못 맞추건 그 과정이 너무 재밌었다. 수학 문제는 추리문제와 비슷하다. 주어진 정황, 증인, 증거를 모두 수집하여 사건을 하나하나 해결해 나가는 추리 문제는 문제 속에 주어진 조건을 모두 사용하여 답을 도출하는 수학 문제와 닮아있다. 형사 사건과 수학 문제는 주어진 자료를 양껏 사용하되 필요한 정보만을 찾아내어 문제를 해결한다는 공통점이 있다. 각각의 증거, 조건 조각이 마치 퍼즐 조각 마냥 하나하나 맞춰져가는 그 과정이 재미있는데, 수학을 좋아하기 위해서는 그 재미를 느껴야 한다.

수학이건 다른 과목이건 모든 과목을 공부하는 이유는 '재미있어서'가 되어야 한다. 재미와 흥미에서 나오는 학문적 호기심이 공부하는 원동력이 되어야 그 과목을 잘 할 수 있다. 좋아하지 않는 과목은 잘 할 수가 없다. 좋아하지 않는 과목을 잘 하려면 어떻게든 예쁜 구석, 재미있는 구석을 찾아야 한다. 그 구석을 보고 정을 붙이면서 공부를 하면 조금 더 즐겁게 공부를 할 수 있게 되며, 스트레스를 덜 받게 된다. 권태기가 온 애인과의 관계를 극복하기 위해 노력한다고 생각하면 이해가 빠를 것이다. 사랑에 빠져 서로의 장점만 보이던 연인이, 시간이 흘러 권태기가 오게 되면 서로의 단점만 보이게 된다. 이러한 권태기를 극복하려면 단점이 아닌 장점을 보려 의식적으로 노력해야 한다. 싫어하는 과목도 좋아하는 구석 한 군데쯤은 있을 것이다. 의식적으로 노력하며 그 부분을 바라보면서 긍정적인 마음가짐으로 공부하다보면 자연스레 성적은 오를 것이다.

수학의 육하원칙의 이야기를 마친 후 학생의 눈을 바라보면 반짝반짝 불이 켜져 있다. 딴소리를 10분 이상 지속하여 수학 문제를 10분 분량만큼 덜 풀게 되었다는 즐거움과 선생님의 공부 스토리를 들으니 공부의 의지가 타오르는 열정이 섞여 눈에 힘이 바짝 들어가 있다. 물론 나의 이 스토리가 그 학생에게 얼마나 도움이 되었는지는 모른다. 그 순간에는 '갑자기 공부하고 싶은 욕구가 생겼어요! 저 열심히 해서 좋은 대학 갈래요!'라고 했을지라도, 수업이 끝난 직후 현관문에서 선생님(나)을 배웅하고 나면 바로 침대에 누워 페이스북과 웹툰을 보며 깔깔 웃어대며 방금 선생님이 하신 말씀을 다 까먹을 수도 있다. 하지만 그래도 상관없다. 이야기를 나누던 그 순간만큼 그 학생은 열정적으로 나의 말을 경청하였으며, 개선 의지를 내

비췄다. 그것만으로도 충분한 것이다. 공부할 의지가 없고, 단지 부모님이 과외를 시켜서 수학 공부를 억지로 하는 학생이 잠시라도 공부하고 싶은 의지가 생겼다면 그것으로도 족하다. 그렇게 꾸준히 같이 노력하다보면 언젠가 그 학생도 나처럼 수학에 재미를 느껴서 조금 더 열정적으로 공부를 하게 되는 날이 오지 않을까.

- 김나경(카이스트대학원 신소재공학 수학 중)

할아버지에게

김선혜(외손녀)

태어나면서 부터 부모님이 계시고 조부모가 있고 형제가 있어서,
그건 주어진 환경이기 때문에
가족에게 고마움을 새삼스럽게 느끼기 보다는
나에게 이런 좋은 가족이 있어서 행운이다라는 생각을 가지고 살았습니다.
저도 결혼을 해서 아이를 갖고 나서,
나만의 가정을 가지게 되서는 각자 처한 자리에서
아버지는 아버지로서, 어머니는 어머니로서,
자녀에게 서로의 가족에게
가족이라는 테두리 안에서 의무와 책임을 하는 것이
많은 노력이 필요하다는 생각이 듭니다.
그렇게 생각하니 새삼 나를 안정된 가정 안에서 부족함 없이 키워준
우리 부모님이 고맙고 더 나아가서는 우리 부모님을 있게한
조부모님에 대한 감사도 느끼게 됩니다.

저는 가족이기 때문에 사랑과 감사는 굳이 표현하지 않아도
서로가 당연히 느낄것이라 생각했는데,
그러한 감정은 너무 당연해도 표현하지 않으면
시간이 지나도 추억할 기회가 없는거 같습니다.
아이를 낳고 조리원에 누워있는데,
할아버지가 지방에서 올라와서 아이를 봐주셨을 때
당시에는 어차피 시간 지나면 좀 더 말끔한 모습으로
인사하러 갈텐데 힘들게 왜 오셨을까 생각했습니다.
그런데 시간이 지나니 그런일들이 제가 할아버지의 정을 느꼈던
가족으로서의 추억인거 같습니다.
할아버지, 가족으로서 많은 정을 나누고, 함께 시간을 보내서
제 아이에게도 할아버지가 좋은 추억으로 남을 수 있기를 소망합니다.
아무쪼록 건강히 오래오래 사세요

이기적이게 되는 방법

김민선(손녀)

나는 포기하는 법을 빨리 배운 아이였다. 울며 보채는 방법은 한 번도 생각해본 적이 없던, 착하고 순한 아이. 간혹 혼자서 길거리에 지나칠 수 없는 상점을 기웃거린다던지, 싫은 사람에게 뚱한 표정을 감추지 않는다던지 묵묵한 고집을 부린 적이 없지는 않았다. 하지만 하면 안되는 것의 룰을 감정적으로 깨지 않는, 비교적 말 잘 듣는 조용한 아이인 편이었다. 그 비결은 간단했다. 무엇이든 참고, 순응하면 되었다. 원래의 기질 탓도 있겠지만 내 성격도 같이 그렇게 굳어졌다. 잠잠한 사춘기를 지나 다소 어리숙한 성인이 되는 과정에서, 나는 눈물은 흘렸어도 차마 자신의 의견을 고집하며, 감정에 취해 소리지르는 모습은 부끄럽고 절대 하면 안되는 일로 느껴졌다. 그런 사람들을 차마 이해할 수 없던 나는 의아했고, 그 의아함은 점점 커져만 갔다.

그러나 곧 깨달을 수 있었다. 나는 화를 안내는 사람이 아니었다. 참고 삼켜내느라 분노와 부당함을 핸들링을 못하는 사람일 뿐이었다.

가까운 사람에게 섭섭할 때, 조용히 넘어가는 법을 택했지만 감정의 응어리는 마음 한구석에 쌓여갔다. 누적된 감정을 감당하지 못하여 결국 상대에게 날 이해할 기회조차 주지 않은 채 내 쪽에서 일방적으로 관계를 단절했다. 분출하지 못한 분노는 침전하여 혼자 삭히거나, 용암이 터지듯 한꺼번에 터져 상대를 당황하게 하기도 했다. 직장생활 초반에는 이미 확대된 정보들로 나를 판단하는 새로운 상급자에게 부당한 대우를 받았고, 그것을 자신의 탓이라 여기며 견뎌가며 반전시키는데 한참의 시간을 소요했다. 기쁘게도 충분히 인정받았지만, 일련의 과정들 속에서 무언가 잘못되었다는 사실을 알아차렸다. 부조리한 상황에 화를 내고, 자신을 방어해야할 순간이 찾아왔는데 화가 나지를 않았다.

여태 택했던 대처와 감정은 날 위하지 않았기에, 누구도 나를 지켜줄 수 없다는 지극히 당연한 결과였다. '당신의 기분을 상하지 않기 위해 내가 참았어요.'인걸까? 과연 상대방이 너가 날 위해 이렇게 참아줬구나, 참 고맙다, 앞으로도 계속 참아주렴. 이렇게 이야기할까? 아니, 아닐거다. 해결되지 못한 감정들을 끙끙 안고 있는 당사자를 오히려 아끼는 사람이라면, 이렇게 이야기할 것이다. '왜 그렇게 참았어. 이야기해주지 그랬어.'라고. 물론 세상에는 그런 이야기조차 귓등으로 듣지 않고 막무가내인 사람이 분명 있겠지만, 그들과 굳이 어울릴 필요는 하등 없는 것이다. 그래서 날 위해서, 그리고 분명 나를 좋아하고 아껴서 곁에 있어줄 사람들을 위해서 작전을 변경하기로 했다. 상대가 나를 섭섭하게 한다면, 나를 지키고 동시에 상대와의 관계를 지키기 위해서 표현이 필요했다. 상대에게 욕을 하거나 고래고래 소리를 지르지 않는 세련된 방법으로 말이다.

하지만 갑자기 바꾸기가 쉽지만은 않았다. 결국 처음으로 오래 참은 말을 표현을 해야할 때는 한참을 울며 더듬더듬 화를 내야했다. 그리고 상대가 나이나 직장 등에서의 서열이 나보다 높을 때, 너무 화가 나서 정제된 말을 고르기 어려울 때 등 여전히 어려운 점들이 있었다. 나이와 권위를 내려놓지 못하고 힘들다는 하소연을 등진 채 본인이 옳다며 고집을 꺾지 않는 사람들에게는 아직도 어떻게 해야 좋을지 모르겠다. 그렇지만 분명히 나는 변했다. 이전에 덕지덕지 서운함을 끌어안았었다면 지금은 작은 계산을 하곤 했다. 목적이 분명했으니 방법을 찾는 것이 쉬워졌다.

1). 나를 보호하고 지킬 것

2). 상대와의 관계를 위할 것

2순위는 1순위를 덮을 수 없다. 나에게 도움이 안 되는 사람, 1순위에 해당하지 않는다면 상대와의 관계는 언제든 버릴 수 있어야한다. 만약 부득이하게 표현하기 상당히 어렵고, 표현했을 때 나에게 돌아올 이득이 없는 상황이라면, 마치 자애로운 성인군자가 된 기분으로 감정들을 흘려보내주었다. 그건 날 지키기 위한다는 목적에 가장 부합하는 현명하게 승리하는 방법이다. 더 평온한 자가 승리자이기 때문이다. 주변에서 나에게 대하는 태도도 변했다. 어려워한다는 이야기를 듣기도 했고, 웃으며 할 말 다 한다, 쿨하다는 평가를 들었을 때는 생소했지만 뿌듯함이 더 컸다.

아마 앞으로 더 쿨해지지 않을까 싶다. 원칙은 변하지 않고, 더 효과적인 방법들로 대처하는 과정을 지나갈 뿐이니까. 어쩌면 옆의 사람들을 당혹케하는 경우가 생길지도 모르겠다. 더이상 내 감정에서 물러나지 않는 나는, 옛날에 어색해하며 넘어가던 모습과 달리, 웃으며 반박할 건 다 말하고 싶은 사람이 되었으니까 말이다. 조금 늦깍이 사춘기 같이 제멋대로 이기적이게 되는걸까? 그러나 타인에게 예의를 갖추는 것을 잊지 않고, 어디까지나 양보할 수 없는 선 안에서 지켜내는 것이다. 부당함이나 무례함, 불편함을 주는 사람으로부터 스스로를 최우선으로 보호하고 건강하게 살아내는 나의 모습이 이전보다 마음에 든다.

친구

김지혜(손녀)

풀잎조차 소리 죽여 숨쉬는 밤
멀리서 조용한 찬송가가 귓가에 머무를 때
오래전 간직해둔 하얀 동그란 얼굴을
마음속에 슬쩍 꺼내본다.

앞니가 빠져 엄마에게 칭얼거릴 때
내 옆에 서서 덧니를 만지작거리던
한 아이를 보았다.
나를 보고 웃는 그 애를 보고
나도 같이 활짝 웃었다.

바람을 쫓으려 산길도 뛰어보고
진달래 꽃 속에도 같이 뒹굴고
매미소리도 같이 들으며

수녀가 되고 싶다던 나의 친구는
언제나 나의 손을 잡고 있었다.
그러나 언젠가 다 헤진 낙엽이
하나둘 떨어질 때 나는 울고 있었다.
친구는 바다 건너간다고 다시 만나자고 했지만
열 밤이 열 밤이 지나고 또 그 열 밤이 지나도
나는 계속 떨어졌던 낙엽만 손에 쥐고 있었다

낙엽의 슬픔을 알아버린 날로
열 해가 흘렀지만 아직도
나는 뿌옇게 변해버린 그 얼굴을
솔잎같이 갖고 있다

저 먼 바다에서 다시 온 내 친구가
저 먼 시간 속에서 올 수 없어도
나는 그 얼굴을 간직하고 있다
언젠가 다시 잡을 친구의 손을
나는 기다리고 있다

– 김지혜(고등학교 3학년 재학시, 2000년 경남신문 청소년단상 게재)

할아버지께 올립니다

김수빈(손녀)

할아버지 안녕하세요

저번 추석에 갔을 때는 가을이지만 아직 더웠는데, 이젠 날씨가 많이 쌀쌀해졌어요. 따뜻한 옷 입으시고 건강하세요.

재작년엔 병원에 입원하시고 잘 안 들리신다 하고, 요즘 이곳저곳 아프신 것 같은데 빨리 나으시길 바래요.

저는 요즘 공부도 하고 운동도 하고 친구들과 화목하게 보내고 있습니다. 집에 갈 때마다 맛있는 것도 주시고 용돈도 주시고 할아버지의 은혜에 감사할 따름입니다.

저는 할아버지께서 매일 새벽 운동으로 체력 관리를 하시며, 자서전을 쓰셔서 기록을 남기는 것에 항상 존경해왔습니다.

할아버지와 있었던 추억으로는 가족끼리 모이면 맛있는 것을 먹었던 것, 사촌들과 할아버지 집에서 숨바꼭질을 하며 놀았던 것, 농다리 축제에 갔던 것, 그리고 버스터미널까지 바래다 주신 일이 생각납니다. 진천에 왔을 때만 먹을 수 있는 음식이 있는데 평소에도 가끔 먹고 싶어집니다. 또 10살 전엔 몸집이 작아서 이곳저곳 숨을 수 있어서 재밌었고 사촌들과 찍었던 사진이 거실에 있는데 그때 같이 놀았던 게 그리워요. 그중에서 설날 때 송편을 먹는 것을 그림으로 그려봤습니다. 마음에 드셨길 바랄게요.

할아버지 언제나 건강 유의하시고 오래오래 행복하세요

- 2019년 10월 손녀 김수빈 드림

미투 ME TOO

김민주(손녀)

당장 대학교만 보더라도 우리는 무수히 많은 관계 차이를 볼 수 있다. 대학원생과 대학생, 일반대학원생과 조교대학원생, 인문계학생과 이공계열 학생이 동등해 보일 수 있지만 엄연히 다르다. 그로인한 권력 차이는 크든 작든 존재한다. 위아래의 권력에 초점을 맞추는 것이다. 미투 운동이 일어나기 전에는 성폭력은 강간이나 강간미수까지 밖에 미치지 않았다. 하지만 요즈음 미투 운동과 문제되고 있는 상황은 성희롱이다. 과거에는 문제되지 않았거나 사소하게 생각되었던 폭력들이다. 우리는 지금까지 우리가 알고 있지 못한 성 관련 희롱들을 많이 들었을 것이다. 그것이 잘못되었다고 누군가가 말하는 순간 다시 생각해 보고, 나 또한 피해를 받았다고 당당하게 말할 수 있는 미투 운동은 지구 전체를 한번 휩쓸었다.

한국에서의 미투 운동은 현재 어떻게 나아가고 있을까? 서시현 검사가 미투 운동에 첫 발을 내딛고 인터넷의 수 없는 자료를 보았다. 남녀 상관없이 공감하는 사람들, 직업에 있어서 더욱 청렴해야 하는 검사의 행동에 분노하는 사람들, 그리고 2차 가해를 하며 조롱하는 사람들. 내가 본 가장 충격적인 반응은 서지현 검사의 얼굴을 모자이크 해놓고 “8년씩이나 기다릴 필요 없습니다. 경찰은 3분 거리에 있습니다.”라며 조롱 글을 써 놓은 것이었다.

빠르게 펜스룰 (마이크 펜스 미국 부통령 인터뷰에서 “아내 외의 여자와는 절대로 단둘이 식사하지 않는다.”라 말한 발언에서 유래된 용어)을 해야 한다고 반응 하는 입장도 보았다. 사람 대 사람으로서 배려하고, 언어적 폭력을 가하지 말아 달라고 요청한 사회적인 운동에서 소수자를 배척하는 결과로 나아가고 있는 것을 보면 너무나 안타깝다. 여성 남성 할 것 없이 피해자에게는 도움의 손길을 줘야 한다.

범죄 형벌의 측면으로 성폭력특례법에 나와 있는 성범죄의 정의를 보자. 국가법령정보센터에서 발췌한 「형법」 제2편 제32장, 강간과 추행의 죄 중 강간, 유사강간, 강제추행, 준강간, 준 강제추행, 미수범, 강간 등 상해·치상, 강간 등 살인·치사, 미성년자 등에 대한 간음, 업무상 위력 등에 의한 간음 및 미성년자에 대한 간음, 추행의 죄를 통틀어 성범죄라고 한다. 강간, 강간 미수, 그로 인한 신체적 피해와 미성년자와의 관계이다. 성희롱은 발도 못 들이민다. 미투 운동에 주로 나타나는 성희롱을 처벌하려면 성폭력특례법이 개정이 되어야 한다. 이를 위해서는 미투 운동이 한순간의 사회적 운동이 되어서는 안된다고 생각한다. 많은 사람들이 공감하고 사회 전체적으로 요청해 바꿔야만 한다.

미국은 현재 인터넷 상 아동 음란물에 대한 처벌을 더욱 강화하고 있는 추세이다. 아직까지 성희롱에 대한 직접적인 법 개정은 아니지만 이는 인터넷에서의 기록들 또한 범죄가 될 수 있다는 것을 보여준다. 미투 운동에 대해 우리가 취해야 할 반응은 무엇일까? 가장 필요한 대응은 피해자에게 범죄의 탓을 돌리지 말고, 용기를 내줘서 고맙다고 말 하는 것이다. 성폭력 피해를 받았다고 하는 것은 다른 피해보다 훨씬 감정적으로 힘들기 때문이다.

다른 한편으로 법적인 절차가 시행될 수 없는 성희롱 범죄이기 때문에 무죄 추정의 원칙이 지금 상황으로서는 무시되고 있다고 볼 수 있다. 따라서 확인되지 않은 가해자에게 너무나 많은 감정적인 비난을 돌리는 것도 좋지 않다고 생각한다. 물론 분노해야만 하는 상황이지만 사회적, 문화적인 분위기가 우리 모두를 가해자나 피해자로 될 수 있는 상황을 만들었다고 생각한다. 저 사람이 사악하고 성범죄를 저지를 만한 나쁜 사람이 아닌 가해자 또한 그것이 대수롭지 않다고 여겨서, 권력 관계에서 그렇게 해도 아무도 제지하지 않아서 등등의 이유가 있을 것이다. 어느 누구든 약자라서 피해를 받을 이유는 없다. 피해자가 잘못 한 것이 아닌 가해자의 범죄와 사회적 문화적 분위기 모두가 섞여서 만들어낸 현상을 이젠 우리가 다시 바꿔나가야 한다.

히말라야 안나푸르나 서킷어라운드를 다녀와서

김충모(사위)

나는 항공 산업분야에 33년간 근무하였다. 정년퇴직하고 곧바로 히말라야 안나푸르나서킷어라운드에 도전했다. 제 아내가 6개월에 걸쳐 코스도 검토하고 여행사를 통한 현지안내자, 짐꾼예약과 여행에 필요한 사전 지식 등을 깨알같이 촘촘히 준비했다, 해외 출장은 많이 다녀왔어도 관광목적으로는 첫 여행이고, 더군다나 배낭여행은 처음이라 잔뜩 긴장되고, 한편으로 신선하게 펼쳐질 신천지에 대한 긴장감과 설레 임으로 현지로 떠났다.

2017년 10월 10일. 네팔 현지에 도착하니, 마당 한편에 꽃밭을 만들어 꽃들이 우리를 맞이주고 등산객들을 만나면 사탕을 달라고 수줍게 손을 내미는 소녀들과 따라오면서 짓 굳게 배낭을 툭툭 건드리는 아이들도 있고 또 만나는 사람들 마다 나마스테(Namaste, 네팔식 인사)를 외치는 예의바르며 순박한 원주민들을 볼 수도 있었다. 어릴 적 우리의 추억 속에 있는 동네모습과 아이들, 꽃밭 등이 눈앞에 펼쳐져 정겨움과 그리움을 느껴본다.

트레킹코스의 주변은 잘 생긴 산들로 둘러 쌓여있고 기암절벽과 요란한 소리를 내며 물이 흐른다. 곳곳마다 출렁다리가 있어 건널 때는 손에 힘이 들어가고 매우 긴장하였다. 매일 출렁다리를 건너니 조금은 익숙해졌다. 트레킹 4일째 날 차메마을에 도착하여 흰 눈으로 덮힌 산봉우리를 바라보고 경이로움에 감탄했다. 스마트폰 동영상으로 360도 한 바퀴 돌면서 주변경관을 담았다. 낮에는 몸씨 덥고, 볕이 따갑게 내리쬐고 밤에는 쌀쌀해서 거위털 경량 자켓을 입지 않을 수 없다. 숙소는 한국에 와서 번 돈으로 마련하여 현지인 아주머니가 운영하는 로지(Lodge, 네팔의 산장)에서 묵었다. 아내는 고도가 2,700m인데 벌써 고산병증세가 있어 수면제 한 알 먹고 잠들었다.

다음날 듀크레 포카리가는 길은 험난했다. 약간의 내리막을 거쳐 해발 3,000m지점을 통과하게 되었다. 난생처음 고산지대에 들어가니, 가만히 서 있어도 숨이 가쁘고 머리가 띵하고 아픈데 올라야 하니, 정말 힘든 구간이었다. 한국에서 지리산도 여러 수십 번 올라 자신했는데 너무나 힘들었다. 해발 3,240m에서의 숙박은 처음이라 적응이 되지 않아 잠도 가면상태를 유지하고, 오로지 숨 쉬는데 만 열중했다. 하룻밤 자고나니 고산적응이 다소 되는 것 같았다.

다음여정은 해발 3,680m인 나왈마을로 짧은 트레킹을 계획했다. 고산적응을 위해 호흡도 조정하고 약도 준비해 차와 마시고, 여러 좋다는 방법을 총 동원했다. 숙면과 식욕 그리고 호흡조절이 가장 중요한데, 아내는 밤에 악몽을 꿈꾸고 불길할까봐 며칠 뒤에 알려줬다. 아침을 맞아 일어나기는 했는데 몸에 힘이 남아있지 않아 침낭을 몇 번씩이나 쉬면서 간신히 접었다.

다음은 마낭마을로 안나푸르나 서킷어라운드의 전초기지 역할을 하는 산간도시이다. 해발 3,680m인 나왈에서 3,540m인 마낭에 가서 고산적응을 하는 것이 편했다. 고산적응을 위해서 신경도 많이 쓰고 노력도 했다.

야크 스테이크로 유명한 야티호텔에 묵었다. 마낭은 등산용품들을 팔고 있는 상점이 가득했다. 빵, 과일, 극장까지 있는 여행경로상의 가장 번화한 마을이었다, 물을 끓이는 버너용 가스를 구매하고 고산지대는 기온이 차기 때문에 현지인들이 사용하는 고소 모자도 준비했다. 부족한 물품구매와 며칠간 입맛이 없어 허기진 배도 채웠다. 200m되는 산봉우리를 올라가 나름의 고소적응훈련을 갖고 하루 휴식을 취했다. 우리의 여정 중 가장 높은 쏘롱라패스 5,416m를 넘기 위한 준비를 했다.

10월 18일 쏘롱라패스를 넘기 위한 도전에 들어갔다. 이제 고산병과 정면으로 싸워 극복해야하고, 잠을 잘 수 없더라도 죽지만 않는다면 도전해야 했다. 고산병은 머리에 물이차거나 허파에 물이차면 구토, 날카로운 통증 등을 수반해서 12시간 이내 1,000m이상 하산하여야 생명을 건질 수 있다, 하루에 약 2명 꼴로 헬기가 고산병 증세를 보인 등산객을 수송하고 있고 헬기 수송을 위해 보험에 가입하거나 아니면 약 300만 원 정도 드는 헬기탑승료를 내고 타야한다. 고산병은 잠을 잘 때나 혹은 이튿날 아침을 맞을 때 나타나기 때문이다. 마낭에서 네타르 4,200m로지, 쏘롱패디 4,450m로지, 하이캠프 4,850m, 쏘롱라패스 5,416m순으로 되어있는데 네타르 4,200m에서 1박하고 쏘롱패디 4,450m에서 1박한 후 쏘롱라패스를 넘는 계획을 세웠다. 하이캠프 1박은 고산병 발병이 염려되어 다소 힘들더라도 하루 1,000m를 넘는 일정으로 추진키로 했다. 네타르에 도착했고 고소적응훈련 덕택에 생각보다는 쌩쌩하게 하루를 보냈고 긴장감을 가지고 다음날 쏘롱패디 까지 험난한 비탈길을 따라 올라가야 했다.

드디어 쏘롱라패스를 넘는 날이 왔다. 긴장하고 흥분되고 고소공포증으로 한잠도 못잔 것 같았다. 새벽 2시에 일어나 뜨거운 차를 한잔하고 모든 짐은 가이드와 포터가 가지고 갈 짐에 넣고 빈 배낭만 메고 길을 나섰다.

짐은 새벽 4시에 가져오기로 하고 우리가 미리 출발하였다. 천천히 한 발 한 발 올라가는데 숨이 차서 도저히 더는 못 가겠다고 아내는 아예 드러누워버렸다. 이대로 무리하다가는 죽을 것 같았다. 하는 수 없이 다시 내려와 롯지에 도착하니 새벽 3시 30분경이었다. 가이드가 짐 가지고 올 때를 기다려 전후 사정을 설명하고 힘으로는 도저히 넘을 수 없으니 말(Horse)을 타고 가겠다고 해서 새벽에 롯지 주인에게 부탁해서 말 두 필을 240달러를 주고 가게 되었다.

다행히 우리는 고산병증세가 없는 것 같아 5,416m를 넘을 수 있다는 믿음이 생겼다. 가이드와 포터는 우리 짐을 메고 출발하고, 우리들은 아침 6시경에 말 두필에 몸을 싣고 올라갔다. 처음으로 말을 타게 되어 마상에서 본 등산로는 아찔아찔 했고 말에서 떨어지지 않기 위해 말안장을 온힘을 다줘서 꼭 잡고 가는데, 우리가 탄 말들은 서로가 앞 설려고 경쟁하고 있었다. 제가 탄말이 백마였고 아내는 갈색마를 탔는데, 앞서가는 말은 힘이 드니까 앞길을 막아 천천히 가고 뒤에 가는 말은 앞지르려고 앞에 가는 말의 옆구리를 물거나 무리하게 추월하는 짓거리를 한다. 말이 가고 있는 길은 천길만길 낭떠러지가 바로 옆에 펼쳐져 있어 보기만 해도 현기증이 나고 소름이 돋았다. 아내가 탄말이 앞에 갈 때 염려스러워 쳐다보니 아내는 그 상황을 무척 즐겨하는 듯 했고, 주머니에 손을 넣어 사진을 찍으려고 휴대폰을 꺼내려고 하는 모습을 보았다. 나는 기겁을 해서 제지했다. 워낙 무서워서 사진 한 장도 찍지 못했다. 나와 달리 아내는 무척 즐거웠다고 했다. 나보다 훨씬 모험심이 강하고 겁이 없다고 처음으로 느꼈다.

드디어 2017년 10월 20일 오전 8시 그토록 염원하던 쏘롱라패스 5,416m에 도착했다. 지난 10월 9일 서울을 출발해서 꼭 11일 만에 도착했고, 안나푸르나 서킷어라운드는 포카라를 기점으로 하여 안나푸르나 봉우리를 가운데 두고 반시계방향으로 한 바퀴 도는 코스로 중간에 되돌아갈 경우 많은 어려움이 있어, 우리는 쏘롱라패스를 넘어 묵티나스와 무스탕(풀 한포기 없는 황량한 돌과 모래지역) 등 신기한 자연이 빚은 경관을 보면서 내려오기로 여정을 잡았다.

쏘롱라패스 정상은 영하 10도를 가리키고 있고 맑은 하늘이지만 고도가 높은 관계로 의식이 몽롱한 느낌을 받았다. 최대한 빨리 사진 찍고 한 발짝이라도 밑으로 내려가야지 하는 마음이 앞섰고 여기서 오늘 가야하는 묵티나스는 약 16km 험한 내리막길이고 고도도 1,200m 아래에 위치하고 있다. 앞으로는 여정 중에 5,000m가 넘는 고도가 없고 고산적응이 끝났기 때문에, 고산병 걱정하지 않고 행복감을 느끼면서 여행할 수 있어 너무나 좋았다. 안나푸르나 서킷어라운드를 트레킹으로 종료하고 고래파니에 있는 푼힐과 마차푸차레 베이스캠프(MBC), 안나푸르나 베이스캠프(ABC)를 거쳐 네팔최고의 휴양도시 포커라에서 3일간, 카투만두에서 2일간의 관광일정을 마치고 11월 9일 인천공항에 도착하여 31일간의 네팔 히말라야 배낭여행을 마치게 되었다

아버님 어머님께 드리는 글

박장미(셋째며느리)

요즘 들어 참 오랜만에 하늘을 올려다보았습니다.

가을이구나…….

10년 전 이맘 쯤이였습니다.

환한 미소로 미흡한 저를 자상히 반겨주시던 어머님과 아버님 모습이 아직도 잊혀지지가 않고 가을하늘처럼 행복하게 웃음을 주었습니다.

낯설었고, 부족했던 저에게 지금껏 한결같이 따스함으로 안아주셔서 감사하고 또, 죄송하다고 이렇게 글로 나마 표현할 수 있게 해주셔서 부끄럽고 고맙습니다.

겨울에 아버님 새벽 운동하시다 입원하시고, 어머님도 많이 아프셨던 작년 저에겐 가장 마음이 아팠던 한 해였습니다.

저 좋다고 하던 공부가 일이 되고 직업이 되어 타 지역까지 와서 예전처럼 자주 찾아뵙지도 못하고 제사, 명절 때나 얼굴을 내미는 셋째 며느리가 되었습니다.

죄송합니다.

하지만, 박장미라고 이름을 불러주시는 아버님. 어머님 정말로 존경하고 사랑합니다.

항상 건강 생각하시고 더 오랫동안 아버님. 어머님 미소를 볼 수 있게 해주세요.

- 2019년 10월 셋째 며느리 박장미 올림.

포토 에세이, 인생길

최지현(둘째며느리)

100세 시대 인생을 시계로 비유하자면 내 시계바늘은 6시를 조금 넘어가고 있다. 이즈음에서 나는 내 자신에게 물음표를 던진다. 나는 어떤 사람으로 살아왔나? 앞으로 내게 주어진 시간을 어떻게 살 것인가?

나는 작은 사업체를 혼자 운영하면서 여러 우여곡절을 겪었다. 남편도 경제적 심리적 어려움에 처해있던 터라 도움을 요청할 수 없었다. 남편이 공간적으로 물리적으로 떨어져 있는 터라 아무런 연고도 없이 홀로 타지에서 사업을 시작해야 했다. 아이들을 키우는 것도 오롯이 내 몫이였다. 아무런 연고도 없이 홀로 타지에서 사업을 시작해야 했다. 그때의 막막함이 바로 이 그림 속 나의 마음이다.

거친 풍랑 속 한치 앞을 내다볼 수 없는데 의지할 곳 없었다. 두려움이 나를 집어삼킬 것 같은 순간들. 뜬금없이 온몸에 열이 나기도 한 순간들도 그즈음이었다. 나의 판단 하나하나가 눈앞에 마주하

고 있는 태풍과 격랑을 뚫고 앞으로 나아가게 할 것인지, 끝없는 바다 속으로 침몰할 것인지, 기로에 서있는 느낌이었다. 나의 판단 내 생각이 사업체와 가정의 사활이 걸려있었다.

그때 결심 한 게 있었다. 그 시절 나와 마주하는 모든 사람은 내게 은인이고 고객이었다. 최선을 다해 타인의 입장에서 고려해보는 것. 그것이 오늘의 작은 사업체를 16년 이상 유지하게 된 근간이 되었다.

온 나라가 두 개의 생각으로 갈라져서 서로를 물고 힐뀌고 있는 요즘, 난 뜬금없이 믹스커피가 생각났다. 멀지 않는 몇 년 전까지만 해도 우리는 식사 후 자판기 믹스커피를 모든 사람에게 건네는 게 당연시 되는 때가 있었다. 만일 요즈음 식사 후 자판기 믹스 커피를 당연한 듯 건네고 상대방의 표정을 살펴본다면 유쾌한 표정을 보기는 힘들다는 것을 발견할 수 있을 것이다. 조금 전문적인 커피숍이라도 가볼라치면 그 커피 메뉴의 다양함과 화려함의 극치에 그저 입이 안 다물어질 지경이다. 내 마음대로 메뉴를 골라서 타인에게 강요하는 것은 이제 불가능에 가까운 일이 되어버렸다. 결정 장애가 생길지경에 이르렀다. 한 가지 생각과 의견은 마치 예전에 믹스커피와도 같은 것은 아닐까?

우리 아이들이 앞으로 살아갈 세상은 우리가 살아온 그리고 살고 있는 세상과 아주 다를 것이다. 세상은 사람들의 다양한 생각 다양한 취향을 인정하고 존중하는 방향으로 가고 있음은 분명하다. 우리의 생각을 강요하지 않는 것. 아이들의 생각과 다양성으로 채워가는 것. 자신이 살고 싶은 인생을 살게 지켜봐 주는 것. 아름답게 우리의 자리를 내어주는 것.

타인에게 자신의 생각과 판단을 강요하지 말고. 나는 오늘도 마주할 어떤 사람에게 건 나이가 많으나 적으나 남자나 여자나 관계없이 물어본다. 또 내 자신에게도 질문해본다.

너는 지금 이 순간 무얼 하면 가장 행복해지겠니?

베이징의 항일 역사 발자취를 따라서

조현정(막내며느리)

올해는 대한민국 임시정부 수립 100주년, 삼일운동 100주년이 되는 해라 한국에서는 다양한 기념행사들이 있었으며 여러 해 전부터 준비한 영화나 역사재조명 다큐 프로그램들로 인해 어느 해보다 풍성한 볼거리들이 많았다.

베이징에서도 독립운동가들의 발자취를 찾아가는 행사가 여러 차례에 걸쳐 진행되었다. 6월 하순의 더위에도 많은 가족이 참여하였으며 일반여행자였다면 쉽게 지나쳤을 의미있는 장소들을 찾아나섰다. 그곳에서 독립운동가들이 머나먼 이국 땅에서 가슴깊이 느꼈을 고통과 울분을 조금이나마 느껴볼 수 있는 뜻 깊은 시간을 가졌다.

우리가 역사책에서 익히 읽어본 대한민국 임시정부가 있었던 상하이, 항저우, 충칭 뿐만 아니라 베이징시 안에도 대한독립을 위해 일본에 항거한 신채호, 이육사 등 독립운동가들의 발자취들이 이곳저곳에 남아 있었다. 독립운동가들이 수학하던 학교, 중국 석학들과 교류하던 옛 베이징대 도서관이나 역사서 집필을 하던 유적지는 잘 알려지지 않은 역사의 현장이었다.

중국도 과거 100여 년간 수많은 격변을 겪으면서 낡고 오래된 지역은 재개발이라는 미명아래 흔적도 없이 사라져 새건축물들로 들어선 곳이 많았다. 시인이자 독립운동가인 이육사께서 순국한 과거 일본헌병대 자리였던 동창후통(胡同) 28호는 수많은 관광객이 찾는 자금성 주변 시내 한복판에 있었으나 애써 찾아보지 않으면 모를 장소에 방치되다시피 폐허처럼 남아있었다.

이런 분들이 실날같았던 독립이란 희망의 끈을 놓지 않았기에 내년이면 벌써 광복 75주년을 맞이하게 되었고 다양한 목소리를 내는 게 가능한 민주주의 사회를 이룬 것이 아닌가 싶다. 중국에 비하면 1개 성에 지나지 않는 면적을 가졌지만 부족한 자원에도 단기간 경제발전을 이룩할 수 있었던 밑바탕은 무엇이었는지 이번 기회에 다시 한 번 생각해 볼 수 있었다.

잊혀저 가는 그 분들의 피와 희생, 그리고 더 나은 사회를 위해 오늘도 열심히 살아가고 있는 자랑스러운 한국인들이 있기 때문에 한국인이란 자부심을 가지고 살 수 있는 것 같다.

- 막내며느리 조현정의 글

Ⅵ
부록

김영만 이력서(金榮萬 履歷書)

학력 및 경력사항	연도
충북진천군진천읍행정리656번지 출생	1936
진천상산국민학교(초등학교)38회졸업	1950
진천중학교 2회졸업	1953
진천농업고등학교(바이스더고등학교)졸업	1956
충북대학교 농과대학 임학과졸업	57학번
육군3사단 52수색중대 군복무	1962
진천군농촌지도소(현 농업기술쎈타)농촌지도사	1963
진천군청 건설과 임업기사	1967
보은군청 농림과 산림보호주사	1968
중원군청 농림과 농림기사	1970
충청북도 농림국 산림과	1973
충청북도 산림국 식수과	1974
충북 옥천군청 산림과장	1974
단양군청 산림과장	1977
중원군청(충주시) 산림과장	1983

충북도청 산림국 영림과 육림계장	1985
독일 임업연수(8월29일~9월26)	1985
진천군청 산림과장	1988
음성군청 산림과장	1991
제천군청 산림과장	1994
제천시청 녹지과장	1995
제천시 한수면장	1996
공로연수 및 정년퇴임	1998
대한민국녹조근정훈장	1998
국제로타리3740지구 진천로타리클럽회장	2000~2001
진천군사우보존회 총무이사	2000~2013
성균관유도회 진천군지부 감찰위원장	1999~2003
성균관유도회 진천군지부 총무부장	2003~2006
진천향교 장의	2004~2006
성균관 유교신문사 명예기자	2004

성균관 전학(典學)	2007
성균관 전의(典儀)	2009
자유총연맹 진천지부 고문	2010~
성균관 전인(典仁),자문위원(諮問委員)	2011
진천향교 전교(典校)	2012
자서전 금수강산을 바라보며 출판	2013
충청북도 향교재단 이사	2014~2016
안동김씨 문영공종회 회장	2016~2019
안동김씨대종회 부회장	"
진천군 사우보존회 회장	2015~
성균관 석전교육원 총동문회 부회장	2018~
성균관 실천예절지도사(成儒總第禮3239號)	2004
상산고적회(진천향토사연구회)부회장	2005
안동김씨 진천군종친회장	2005~2011
안동김씨 안렴사공파회장	2006~2012

안동김씨대종회 부회장	〃
성균관 전례사(典禮士:2005-14호)	2005
鄕校 書院儀 專功課程修了	2005
성균관 석전교육원총동문회 이사	2008
대한노인회 진천군지회 감사	2009~2015

나의 선조(先祖)

세(世)	선조 명(名)	년대(年代)	묘(墓)	시제일 (음력)
1	충렬공 방경(方慶)	1212-1300	안동	10.9
2	문영공 순(恂)	1258-1321	안양	10.7
3	정간공 후(煦)	1292-1361	오창	10.5
4	영삼사공 천(蕆)		오창	"
5	안렴사공 사렴(士廉)	1335-1405	오창	"
6	좌랑공 식(湜)		황간	10.6
7	직장공 자려(自麗)		황간	"
8	생원공 인(粼)		장관리	10.10
9	장사랑공 윤손(允孫)		"	"
10	부사직공 원(元)		"	"
11	부장공 효돈(孝敦)		"	"
12	선무랑공 여(鑢)		사석리	10.12

13	삼인(三仁)		〃	〃
14	참판공 훈(訓)	1631-1690	〃	〃
15	통덕랑 천택(天澤)	1677-1746	〃 성암	10월 셋째 일요일
16	성화(聲和)	1724-1769	봉화산	〃
17	증윤(曾潤)	1761-1825	사석 성암	〃
18	상호(相鎬)	1804-1851	〃	
19	돈(燉)	1837-1895	봉화산	
20	기학(基學)	1861-1906	장관리	
21	명원(命源)	1898-1963	건송리	
22	김영만(金榮萬)	1936-		
23	理學博士 金寬默	1960-		장남
24	동우(在佑)	1997-		손자

친인척 생일(음력)

월 일	성명	관계	참고사항
1. 2	임복자	배우자	
1. 3	이종유	처제(妻弟)	지창현 어머니
1. 8	지헌정	동서(同壻)	〃 아버지
2. 9	김철묵	넷째(四男)	
2.10	김영석	사촌동생	김호묵 아버지
2.18	김황묵	둘째(二男)	
3.21	김영례	누님	황근자 어머니
4.25	김영만		
5.17	신용우	제수(弟嫂)	김강묵 어머니
6. 6	이종우	처남(妻男)	
7.12	김충모	사위(壻)	김지혜 아버지
8.10	최영문	사촌매부	
8.21	신은정	맏며느리	김동우 어머니
8.23	김영근	사촌형	김해묵 아버지
9. 3	김영희	사촌여동생	
9. 4	김관묵	큰아들	김동우 아버지
9.28	김선옥	딸(女)	김지혜 어머니
11.14	방옥선	안사돈	김민선 외할머니
12.17	박장미	셋째며느리	(김정묵)
12.21	최영재	사돈	김민선 외할아버니

친인척 생일(양력)

월일	성명	관계	참고사항
1. 11	김민주	손녀	
1. 21	양영자	안사돈	김수빈 외할머니
5. 20	조의방	사돈	김수빈 외할아버지
5. 26	김수윤	손녀	
8. 5	김민선	손녀	
8. 18	김근영	조카딸	
10. 3	김선혜	외손녀	
10.15	김지혜	외손녀	
11.26	최지현	둘째며느리	김민선 어머니
12. 5	조현정	막내며느리	김수빈 어머니
12. 6	김나경	손녀	
12.24	김정묵	셋째아들	1964.11.21.생(음력)
12.27	김수빈	손녀	
12.29	김동우	손자	

제삿날 (음력)

* 제삿날은 돌아가신 날 전날임

월 일	관 계(김영만)	장 소	참고사항
1. 28	할머니(祖母)	큰집(김인묵)	울산이씨
2. 4	증조할아버지	"	
2. 10	매형(황길수)		진천성당미사
2. 9	망제(김영일)		진천성당미사
2. 18	큰어머니(伯母)	큰집(김인묵)	
3. 6	큰아버지(伯父)	"	
3. 13	장모(丈母)	처남 이종우집	고성이씨
3. 23	4촌형	큰집(김인묵)	고 김영생

6. 13	작은아버지(叔父)	작은집(김영근)	
6. 16	망처		고 이종분
6. 21	아버지		고 김명원
7. 20	4촌 형수	큰집(김인묵)	강능김씨
7. 26	어머니		문화 유유순
9. 6	증조할머니		천안전씨
9. 6	작은어머니(叔母)	작은집(김영근)	양씨
10.24	할아버지(祖父)	큰집(김인묵)	

친목단체 가입현황

명 칭	내 용	참 고
잉꼬친목계(청주)	민성기, 곽일상, 이수용, 유관영, 김영만 부부	1987년부터 2010년까지
충주산악회	충주시 공무원퇴직자 모임. 안익준, 고명식, 김성배, 김락응, 김홍회 등. 김갑수 총무의 열성으로 매월 산행	2000년 전후
동근회(청주)	청주관내 안동김씨의 친목계	1986년 가입 현재회원
청진회(청주)	청주시내 진천중학교 제2회 동창모임으로 20여 명이 친목도모	1985년 가입 현재 해산됨
수정산악회(음성)	음성에 거주할 때가입 매월 산행 고재안, 황인식, 반유선, 변증수, 유계식,이신영, 연열희, 김영한 등 고인이 됨	2013년에 탈퇴함
진우산악회	이월 신동인 회장이 조직 한때 활발하였으나 7년만에 해산됨	2000년 전후
충진산악회	김진성, 조하제, 유부열, 이문규, 이달희,김우관, 김명욱, 김주환, 윤갑준, 유승옥 등이 고인이 되어 해산	2000년 전후 활발하게 진행

만리상록회	진천군청 산하 실과소장 퇴직자 모임	1998년부터 지속
짐천읍 행정동우회	진천읍 관내 행정공무원퇴직자 모임	현재 지속
재단 진천향우회	단양군내 진천출신 모임 윤한병, 신동익, 이연근, 한상달, 손선수, 허필래, 이상웅, 김길환 등	1977-1983
동공친목계	진천농고 5회 졸업 군청공직퇴직 이금수, 이병욱, 유승옥, 김태운, 정지호, 김영선, 김주필, 장순호, 민병일	2019 현재 6명
병사생계	진천읍 관내 병자생 모임 조순희, 이신환, 기창기 등 23명 조직	1990년 23명 조직 2019 현재 8명
백사계	진천 유지들의 모임	2005년가입 2007년사퇴

해외여행

국가명	년월일	참고
서독, 프랑스, 이태리 오스트리아, 스위스	1985.8.29.~9.26	임업연수 후. 에펠탑. 융프라우 교황청, 로마유적지. 산림청주관 8명
뉴질랜드, 피지 경유 오스트라리아(호주)	1996.3.17.~3.24	무리와이 해변, 동굴. 간헐천. 양털깍기. 오페라하우스. 골드코스트 음성 수정산악회
태국, 싱가포르, 말레이시아, 인도네시아	1999.2.21.~2.27	음성 수정산악회 부부동반
금강산	2000.2.29.~3.3	진천에서 117명 버스 3대 묵호항에서 탑승- 북한 장전항
카나다	2000.4.13.~4.19	몬트리올. 관묵이 병환 위로 나경. 동우 만나다. 몸살로 고생
필리핀 마닐라 등	2000,11.21.~11.25	코레히도섬. 팍상한 폭포 등 동공계, 김주필, 이병욱, 이금수

대마도 관광	2001.8.11.~8.13	잉꼬회 이수용, 곽일상 부부
중국 계림, 장가계	2002.5.17.~5.21	이수용 부부와 동행. 동굴 관람중 참깨 싸게 사다. 장가계 비가 오다
중국 산동성, 곡부	2004.4.15.~4.20	빈병일 사위 배로 청도. 곡부. 태산
중국 황산	2007.4.17.~4.21	음성수정산악회주관
몽골 울란바트, 테롤지국립공원	2007.8.24.~8.28	성균관 주관 겸병천과 동행 최근덕 관장 외 40명
중국 두만강, 압록강 여순감옥, 조명희 유적	2008.6.1.~6.5	포석조명희기념사업회주관 임병주와 같이 동행
중국 곤명/석림	2014.4.21.~4.25	충북향교재단 주관으로 17명 정태익, 길문실 등 각향교이사
중국 북경/만리장성	2019.4.30.~5.4	막내 초청. 아내와 같이 동행

이 도서의 국립중앙도서관 출판예정도서목록(CIP)은 서지정보유통지원시스템 홈페이지(http://seoji.nl.go.kr)와 국가자료종합목록 구축시스템(http://kolis-net.nl.go.kr)에서 이용하실 수 있습니다. (CIP제어번호 : CIP2019045937)

김영만 지음

林山의 座談愚說

초판인쇄일 2019년 11월 25일
초판발행일 2019년 12월 09일

지은이 : 김영만
발행인 : 김순진
편집장 : 전하라
디자인 : 김초롱
펴낸곳 : 문학공원
등 록 : 2004년 3월 9일 제6-706호
주 소 : 우편번호 03382 서울 은평구 통일로 633
녹번오피스텔 501호 스토리문학사
전 화 : 02-2234-1666
팩 스 : 02-2236-1666
홈페이지 : http://cafe.daum.net/yob51
이메일 : 4615562@hanmail.net

ISBN 978-89-6577-315-3 03810 정가 13,000원